인권

HUMAN RIGHTS: A Very Short Introduction, Second Edition

Second edition was originally published in English in 2015.
Korean translation rights arranged with Oxford University Press
through EYA(Eric Yang Agency).

첫단추 시리즈
032

인권

앤드루 클래펌 지음
이지원 옮김

교유서가

일러두기

· 본문 중의 〔 〕는 모두 역자가 덧붙인 설명이며, 인용문에서 저자가 추가한 부분은 〔 〕로 표시하고 '저자주'라고 밝혔다.

· 선언문과 조약 등 주요 국제 인권 문서는 외교부 웹사이트의 '국제인권규범' 및 '조약정보'를 참고하여 번역했다.

머리말

이 책의 목적은 인권 사상, 인권 운동, 인권법의 세계로 들어가는 몇 가지 길로 독자들을 안내하는 것이다. 이 책은 인권 의식이 정의와 존엄의 훼손에 맞서 사람들을 결집하는 힘에 주목한다. 인권 의식은 경합하는 이해관계들이나 세계가 지향해야 할 모습에 대한 다양한 비전들 사이의 갈등 자체를 해소하지는 못한다. 그러나 그것은 어떤 이익을 우선시할지, 존엄성에 대한 공격을 막아낼 조건들을 어떻게 마련할지를 논하는 데 필요한 어휘를 제공한다.

이 짧은 입문서는 '혁명, 선언, 그리고 계속되는 투쟁'으로만 요약될 인권의 이야기를 전달하기보다 몇몇 권리의 내용에 초점을 맞춘다. 인권 존중에 터 잡은 세상을 주창하기는 쉽다. 하지만 완전한 인권 존중을 목표로 현체제를 조정해가는 작업에는 결코 끝이 없으며, 또한 인권이 그저 하나의 이상이 아니라 생명, 자유, 평등, 표현의 자유, 사생활, 건강, 식량, 주거에 대한 구체적 권리들로 구성된 것임을 고려하면 그만큼 더 어려운 과정이기도 하다. 인권은 모든 개인의 존엄한 삶을 지향하며, 이 목표를 전 지구적으로 달성하려면 아직 갈 길이 멀다. 인권의 과제는 단지 역사적으로 굳어진 일군의 의무들을 이행하는 데 그치지 않는다. 인권 운동의 핵심은 불의에 대한 항거와 압제에 맞선 연대를 지속해가는 것이다.

이 책에 언급된 텍스트와 기관들을 독자들이 직접 찾아볼 수 있도록 참조 사이트(http://graduateinstitute.ch/clapham-humanrights)를 마련했다. 언급된 텍스트 대부분의 전문을 이곳에서 확인할 수 있다.

차례

머리말 005

1. 권리를 바라보는 관점 009

2. 역사적 발전과 오늘의 의제들 047

3. 인권 외교와 유엔의 역할 099

4. 고문 129

5. 생명과 자유의 박탈 151

6. 권리 간의 균형: 표현의 자유와 사생활 169

7. 식량, 교육, 건강, 주거, 노동 187

8. 차별과 평등 213

9. 사형 233

결론 245

· 감사의 말 252
· 부록: 세계인권선언 254
· 참고문헌 266
· 독서 안내 281
· 역자 후기 289
· 도판 목록 292

제 1 장

권리를 바라보는 관점

오늘날에는 어떤 사안이건 이내 하나의 인권 문제로 부각되곤 한다. 이 책은 인권이라는 개념의 기원, 그리고 현재 전 지구적으로 적용되는 인권 의무들이 인권 운동에 의해 형성된 경위를 살핀다. 이와 더불어, 인권 개념이 거쳐온 변화의 궤적과 인권이 우리 세계에서 담당하는 (또한 앞으로 담당하게 될) 역할을 고찰할 것이다.

사람들은 저마다 다른 관점에서 인권을 바라본다. 어떤 이들이 보기에 인권 존중의 호소는 모든 불의를 바로잡자는 도덕적으로 정당하고 절실한 요구다. 하지만 다른 이들에게 그것은 경계하거나 심지어 적대해야 할 구호에 지나지 않는다. 일부 변호사들 사이에서 인권은 국내 법원이나 국제 법원에 의해 합법적 권리로 인정된 적이 있거나 그럴 가능성이 있는 권리 주장들만을 가리키는 일종의 은어다. 하지만 법적 분쟁의 양 당사자는 서로 자신에게 유리한 방식으로 인권법이 적용되기를 요구하므로, 인권법의 적용은 거의 언제나 논박의 대상이다. 인권법은 종종 다른 법이 부적절하다거나 혹은 불공정한 방식으로 적용된다는 해석을 뒷받침하며, 그로 인해 특수한 지위와 대중적 지지를 누린다(별도의 인권법을 제정한 곳도 있으나, 국가 수준에서 인권법은 대개 헌법에 포함된 권리 조항들을 의미한다. 국제 인권법은 인권 증진을 목적으로 하는 국제 조약 및 관습법으로 구성된다). 인권의 언어는 모든 종류의 행위에 대해 그것을 비판하거나 옹호하거나 혁신하는 데 사용된다. 인권은 압제에 맞선 빼어난 투쟁의 역사를 자랑하며, 더욱 공정한 미래를 약속한다. 오늘날의 의사 결정 상황에서 '인권 카드'는 설득력을 발휘하며, 때로는 결정적 한 수가 되기도 한다. 이 점은 인권의 도덕적인 힘을 대단히 매력적인 것으로 만들어주는 한 요인이다—인권은 우리가 논쟁에서 이기거나 때로는 관행을 바꿀 수 있도록 도와준다.

'인권 문화'라는 개념 역시 다양한 사람들에게 다양한 의미를 지닌다. 어떤 이들에게 그것은 모든 사람이 인간 고유의 존엄성과 가치에 합당한 존중을 받도록 보장하는 것을 의미하지만, 다른 이들에게 그것은 법원, 경찰, 이민국이 국민의 안전

1. 영국 인권법을 '테러리스트와 불한당의 도피처'로 규정한 〈선데이 텔레그래프〉(2006년 5월 14일) 기사 제목.

은 뒷전으로 한 채 테러리스트, 범죄자, 이주민의 이익을 보호하는 것을 의미한다(그림 1). 일부 국가에서는 양편의 대립이 극에 달해, 영국의 경우 주요 언론사가 인권법(Human Rights Act 1998: 유럽 인권협약European Convention on Human Rights에 포함된 권리들을 영국의 법체계 안으로 편입시키기 위해 제정되었다)의 적용을 비웃고 '외국 재판관'의 개입(유럽 인권협약 비준국은 유럽 인권재판소European Court of Human Rights의 판결에 따를 의무가 있다)을 성토하기도 한다(상자 1).

상자 1 영국에서 일어난 인권에 대한 반격

크리스 그레일링(Chris Grayling) 영국 하원 의원, 〈데일리 메일〉(2014), 「유럽 인권재판소의 폭주를 제지하고 인권 본연의 의미 — 압제와 폭거에 맞선 투쟁의 상징 — 를 되찾아야」

"재소자의 가족권 보호를 위한 인공수정시술 허용, 재소자의 투표권 인정, 극악한 살인범에 대한 종신형 금지, 테러리스트 추방 금지. 지난 몇 년간 유럽 인권재판소가 내린 몇몇 판결이다. 최근에는 재판관 단 한 명의 표 차로 간신히 영국의 TV에 미국식 정치 광고를 허용해야 할 처지를 면했다.
위 조치들은 인권의 대원칙과는 무관하다. 이런 결정을 내린 법원은, 어느 모로 보나 그럴 수 있는 법적 자격을 갖추지 못한데다, 「유럽 인권협약」을 시간이 흐르면 고쳐 써야 할 '살아 있는 문서'로 간주한다. 앞서 열거한 조치들은 모두 법원이 아닌 우리 의회가 결정해야 할 사안들이다. 그러나 지금은 그렇지 못하다.
간단히 말해, 이는 협약 가입시 우리가 동의했던 바가 아니다. 다음 보수 정권은 이 문제를 확실히 해결할 것이다.
우리는 인권 원칙을 저버리려는 것이 아니다. 다만 우리는 영국이 인권의 정수를 옹호하는 주권국이며, 영국의 일은 영국 의회에서 결정해야 함을 분명히 할 것이다."

수전 마크스(Susan Marks), 『백래시: 인권에 맞선 소리 없는 전쟁 Backlash: The Undeclared War against Human Rights』(2014)

"팔루디(Faludi)가 기술했던 미국 내 여권 신장에 대한 반발과 똑같은 종류의 반동적 공격이 일어나고 있다. 바로 인권 운동이 일궈온 (여권 운동에서와 마찬가지로 제한적인) 진전을 되돌리려는 시도다. 패턴은 동일하다. 여기서도 인권이, 그것이 시정하고자 하는 조건들, 즉 종속, 불안, 부자유 등에 도리어 기여한다는 비판이 제기된다. '선전포고 없는' 혹은 암암리에 진행되는 '전쟁'이라는 측면에서도 동일하다. 이들 비판자는, 그들의 말에 따르면, 인권을 말살하려 들지 않는다. 오히려 그들은 관념적 팽창과 제도적 월권에 골몰하는 약탈적 인권 운동에 맞서는, 인권과 기본적 자유의 진정한 수호자다."

때로 인권 보호는 아닌 게 아니라 다수결의 원칙에 반하는 듯 보인다. 어떤 사회에 무엇이 최선인지를 어째서—민주적으로 선출된 국민의 대표자들이 이미 정해놓은 바가 있다면 더더욱— 법관이나 국제기구가 결정해야 한단 말인가? 그러나 중요한 것은 인권이 '다수의 폭정'으로부터 사람들을 보호할 수 있다는 사실이다. 그럼에도 인권법을 그저 다수의 바람을 물리칠 수단으로 보아서는 안 된다. 고문에 대한 금지만큼은 예외적으로 절대적이지만, 사실 민주 사회에서 인권법은 안보상의 필요성이나 타인의 권리를 감안할 여지를 제공하기 때문이다. 이 난문, 즉 어째서 법관에게 민주적 결정에 반하여 인권을 옹호할 권한이 주어져야 하느냐는 쉽게 답할 수 있는 물음이 아니다. 사회마다 선택한 제도에 차이가 있어, 어떤 곳은 사법부에 상대적으로 더 강한 권한을 부여할 것이다. 이런 제도는 점차 변할 수 있다—완벽한 균형도 없고, 완벽한 판사도 없기 때문이다. 한 사회 안에서 사법부를 보는 시각이 엇갈리기도 한다. 어떤 이들은 사법부가 정부의 부당한 인권 유린에 제동을 건다고 보지만, 다른 이들은 바로 그 사법부가 민의에 따라 노동자나 소수족 등 취약 집단을 보호하려는 입법부를 무시하고 지주나 고용주의 권리를 옹호한다고 여길 수 있다. 권리에 대한 논의는 곧 우리가 어떤 사회를 원하는지에 대한 논의와 같다. 표현의 자유와 정보에 대한 권리는 온전한 민주적 의사결정 과정을 보장하는 데 유용하지만, 민주적 의사결정 과정을 거쳐 도입된 법령이 그런 권리들로 인해 도전에 직면할 수도 있다. 어떤 권리 주장이 정말로 타당한지를 판단하려면 반드시 그 맥락을 살펴야 한다. 그러니 조금 더 구체적인 이야기를 해보자.

우선, 인권이 모종의 특수하고 한정된 권리 범주라는 점을 이해해야 한다. 윌리엄 에드먼슨(William Edmundson)은 권리에 관한 그의 개론서에서 인권을 다른 권리와 구별하면서 이렇게 말했다. "인권은 대단히 특수한 기본적 권익만을 인정하므로, 일반적 의미의 권리와 다르며 도덕적 권리와도 다르다." 리처드 포크(Richard Falk)는 인권이 1948년 유엔의 세계인권선언(Universal Declaration of Human Rights) 채택으로 인해 주목받게 된 '새로운 종류의 권리'라고 말한다. 앞으로 이 책 전반에 걸쳐 이 점, 즉 우리의 논의 대상은 인간이 가졌을 법한 모든 권리가 아니라 다소 특수한 권리 범주라는 사실을 기억할 필요가 있다. 제2차세계대전 이후 인권이 국제적 규범으로 부상함에 따라, 관련 행위는 국내법의 규정뿐 아니라 국내적 법체계 바깥의 기준에 의해서도 판단을 받게 되었다. 이제 모든 국민 국가는 외부로부터의 감독 아래 놓여 있다.

인권을 주제로 삼은 많은 연구자가 종교 및 철학 분야의 옛 저술에 의존한다. 그들의 인권관에 따르면, 인간은 인간됨 자체를 근거로 어떤 근본적이고 양도할 수 없는 권리를 부여받는다. 이런 견해는 다양한 사회에서 다양한 형태로 존재해왔다. 흔히 인권 개념의 역사적 발달을 서구 철학과 서구 정치의 원칙들이 진화한 과정과 연결 짓곤 하지만, 시야를 넓히면 유교, 힌두교, 불교 전통에서도 대중 교육, 자기실현, 타인 존중, 타인의 안녕 추구 등과 관련된 유사한 원칙들을 발견할 수 있다. 성경과 쿠란 같은 종교 경전 역시 의무와 더불어 권리를 규정한 것으로 읽을 수 있다. 인간의 자유와 존엄을 보호해야 한다는 인식은 옛 법전들에서도 드러나는데, 고대 바빌론의 함무라비 법전(기원전 1780년 전후)으로부터 (그리스 스토아 철학과 로마 만민법jus gentium 개념에 기초한) 서구의 자연법 전통에 이르기까지 그 사례는 다양하다. 공통적으로 이들 법전은 보편타당한 일정한 행위 원칙과 기준을 제시한다. 이러한 행위 기준이 인권 사상에 영감을 불어넣었다고 할 수도 있고, 그런 의미에서 인권 개념의 전조 혹은 인권 개념의 또다른 표현이었다고 볼 수도 있겠으나, 둘 사이의 개념적 계보가 일각의 주장대로 그리 뚜렷하지는 않다. 이제 (올바른 행위 기준의 차원이 아닌) 실질적 **권리** 개념의 역사적 등장과 그런 권리 주장이 불러일으킨 회의적 반응들을 살펴보자.

권리의 등장과 비판

인권 전통에 대한 서구의 표준적 설명에는 다소간의 문제가 있다. 인권 분야에서 초기의 법률적 발달은 영국의 존

(John)왕과 그가 부과하는 세금에 불만을 품었던 귀족들 간의 계약인 1215년 대헌장(Magna Carta)에서 시작되었다는 것이 통설이다. 이 합의는 '국법과 귀족에 의한 합법적 판결', 즉 배심원에 의한 재판에 의하지 않고서는 '체포되거나, 투옥되거나, 재산을 빼앗기거나, 법적 보호를 박탈당하거나, 추방당하거나, 어떤 식으로든 괴롭힘을 당하지 아니할' 권리를 **자유인**에게 보장했지만, 여기서 자유인은 오직 재산을 소유한 남성을 의미했다. 대헌장에 담긴 권리는 통치자의 권력을 제한하고 피통치자의 자유를 강화하기 위한 정치적 타협의 산물이었다. 오늘날 우리가 이해하는 인권은 모든 인간의 것으로, 일부 특권 집단에 국한되지 않는다. 따라서 현대적 관점에서 대헌장은 인권 선언의 모범 사례로 보기 어렵다. 그중 단 한 문장만 인용해도 충분할 것이다. "여성의 청원으로는, 그 여성의 남편을 제외한 그 누구의 죽음에 대해서든, 아무도 체포되거나 투옥되지 아니한다."(제54조)

1689년의 영국 권리장전(English Bill of Rights) 역시 현대의 인권 텍스트로 이행하는 징검다리로 간주되곤 한다. 이 법은 '과도한 보석금을 요구할 수 없고, 과도한 벌금을 부과할 수 없으며, 또한 잔인하고 비정상적인 형벌을 가할 수 없다'고 선포했지만, '신교도인 신민'에게만 '자신의 방어를 위해 상황에 합당하고 법으로 허용되는 무기를 소지'할 수 있도록 허용했다. 의회는 본래 (나라를 변질시키고 가톨릭교도들에게 지나치게 관용적이라 여겨진) 제임스 2세의 사상과 정책에 대항하여 권리장전을 마련했고, [명예혁명으로 제임스 2세를 몰아낸 후] 차기 공동 국왕 윌리엄과 메리에게 권리장전의 수용을 즉위 조건으로 제시함으로써 '고래(古來)의 권리와 자유'를 옹호하고, 의회 내 자유로운 논의를 보장하며, 의회와 선거에 대한 국왕의 간섭을 제한하고자 했다.

이와 더불어, 몇몇 철학자의 저작들은 사람들의 요구가 '자연권'이나 '인간의 권리' 같은 표현으로 명료화되는 데 매우 구체적인 영향을 끼쳤다. 존 로크(John Locke)는 『통치론Second Treaties of Government』(1690)에서 '자유'를 누리되 '방종'하지 않는 '자연 상태'의 인간을 가정한다. 그는 모든 사람은 '자기를 보존하고자' 하므로, 자신의 보존이 위협받지 않는 한 '될 수 있는 대로…… 타인을 보존해야' 하고, 누구도 '타인의 생명이나 생명을 보존하는 데 필요한 것들, 즉 그의 자유, 건강, 신체, 재산을 빼앗거나 훼손'해서는 안 되리라 보았다. 그리하여 '인간은 타인의 권리를 침범하고 서로를 해하는 행위를 스스로 삼가게 된다'. 로크는 이렇게 사람들이 저 자신의 재판관이 되어 자연법을 집행해야 하는 상황에 대한 대안이 시민 정부라고 보았다. 그는 사람들이 자유의사로 맺은 사회계약이 정부에 법 집행 권한을 부여하며, 정부가 시민의 신뢰를 저버리지 않는 한 그 권한은 유지된다고 했다. 만일 정부가 시민의 '생명, 자유, 재산'에 자의적이거나 절대적인 권력을 행사한다면, 로크에 따르면, 정부의 권한은 회수되어 다시 시민에게 돌아갈 것이다.

장자크 루소(Jean-Jacques Rousseau)는 『사회계약론』에서 개인에게는 특수 의지(volonté particulière)가 있고 그의 사적 이익(intérêt particulier)은 그에게 '공적 이익과 전혀 다른 명령을 내릴 수 있다'는 사상을 전개한다. 루소는 '일반 의지에 따르기를 거부하는 자가 있다면 사회 전체가 나서서 강제로 복종시킬 테지만, 이는 사실상 그가 자유로워지기를 강제하는 것일 뿐'이라고 했다. 루소가 보기에 '사회계약에 의해 인간은 **자연적** 자유와 그가 손에 쥘 수 있는 모든 탐나는 것에 대한 무제한의 권리를 잃는 대신, **시민적** 자유와 그가 소유한 모든 것에 대한 법적 권리를 얻는다'. 1762년에 발간된 『사회계약론』은 1789년 프랑스 혁명을 이끌었고, 거기 담긴 사상은 세계 곳곳에서 통치자와 피통치자 각각의 권리를 명료화하는 데 큰 영향을 끼쳤다.

토머스 페인(Thomas Paine)은 영국의 급진적 저술가로, 미국을 움직인 혁명적 변화에 참여한 인물이다. 그는 1774년에 미국으로 이주했고, 1776년에 널리 읽힌 소책자 『상식Common Sense』을 발간해 군주제를 공격하고 공화정을 주창했으며 시민의 평등한 권리를 촉구했다. 또한 펜실베이니아주 헌법(1776) 작성에 관여했고 뒤이어 펜실베이니아주 노예제 폐지에도 기여했다. 페인이 1791년에 발간한 『인간의 권리Rights of Man』는 에드먼드 버크(Edmund Burke)의 『프랑스 혁명에 관한 성찰Reflections on the Revolution in France』을 반박하고 프랑스 혁명을 옹호한 저작이다. 그는 대중의 인기를 얻었으나(한 집계에 따르면 『인간의 권리』의 이런저런 판본은 2년간 총 25만 부가 팔렸다고 한다) 정부의 미움을 샀고, 런던 길드홀(Guildhall)에서 열린 결석 재판에서 선동 비방 혐의로 유죄 판결을 받았다. 몰려든 군중은 페인의 변호사를 지지하며 '언론의 자유'가 짓밟혔다고 항의했다. 그즈음 이미 프랑스로 피신해 있던 페인은 혁명을 옹호한 보답으로 프랑스 국민공회 의원에 선출되었다. 그러나 그가 루이 16세의 처형에 반대하자 분노한 자코뱅파는 페인을 투옥했다. 페인은 왕과 달리 사형을 면했고(전해지는 이야기에 따르면, 형 집행 전날 사형수의 감방문 밖에 해두는 분필 표시에 착오가 생겼고, 공교롭게도 며칠 뒤 로베스피에르가 실각했다고 한다), 미국으로 돌아가 1809년에 조용한 죽음을 맞았다. 그의 글은 여전히 울림이 있고, 『인간의 권리』에 등장하는 그의 금언은 범퍼 스티커나 배지에서 쉽게 찾아볼 수 있다. "내 조국은 세계이며, 내 종교는 선을 행하는 것이다."

페인의 글을 읽다보면, 인권이라는 개념이 지금껏 그토록 지속적인 힘을 발휘해온 이유를 알게 된다. 페인은 타인의 고통에 초연할 수가 없다.

> 인간의 타고난 존엄성을 깊이 생각하고 거기서 (자연은 내 감정을 무디게 하는 친절을 베풀어주지는 않았으므로) 명예와 행복이 느껴질 때면, 나는 마치 사람들이 모두 악한이고 바보인 양 그들을 힘과 속임수로 다스리려는 시도에 화가 치밀고, 또 그렇게 당하고 사는 이들에 대해서도 염증을 느끼지 않을 수 없다.

페인이 버크를 그토록 신랄하게 비난한 것도, 버크가 바스티유 감옥에서 고통받던 이들에게 냉담했고 '비참한 현실'에 무심했기 때문이다. 나는 우리가 여기서 인권 운동의 진정한 씨앗을 볼 수 있다고 생각한다. 그 씨앗이란, 타인의 고통에 대한 연민과 더불어, 정부가 개인의 자연권을 침해하는 수단을 동원할 때 그것을 불의로 느끼는 감각이다.

따라서 인권의 현대적 개념은 18세기 말에 채택된 이러한 사상과 문헌들에서 그 기원을 찾는 것이 통상적이다. 잘 알려진 대로 1776년 미국 독립선언문(Declaration of Independence)은 이렇게 밝힌다. "우리는 이를 자명한 진리로 믿으니, 곧 모든 사람은 평등하게 창조되었고, 그들은 창조주로부터 양도할 수 없는 일정한 권리를 부여받았으며, 이에는 생명, 자유,

행복의 추구가 포함된다." 뒤이어 프랑스에서 1789년에 나온 인권선언문, 즉 「인간과 시민의 권리 선언Déclaration des droits de l'homme et du citoyen」은 익히 알려진 첫 2개 조에서 '인간은 자유롭고 평등한 권리를 지닌 존재로 태어나 살아가며' 또한 '모든 정치적 결사의 목적은 인간의 자연적이며 양도할 수 없는 권리들을 보전함에 있고, 이들 권리는 자유, 재산, 안전, 압제에 대한 저항'이라고 선포했다. 혁명기의 이 두 선언문은 신생 국가 및 정체의 헌법 안에서 인권을 그 지침 원리로 확립하고자 한 노력의 일환이었다.

그러나 여기서 언급된 권리들은 대체로 해당 국가와 그 시민의 관계에서 유의미한 것들이었고, 여전히 일부 특정 집단만이 그런 권리 보호의 혜택을 누릴 수 있었다. 선언문은 자유주의적 사회관, 그리고 자연법, 인간의 이성, 보편적 질서에 대한 믿음에서 영감을 얻었는데, 그런 맥락에서 오로지 합리적 선택을 내릴 역량을 지닌 자들에게만 권리가 주어진다고 여겨졌고, 남성들은 여기서 여성이 배제된다고 믿었다. 이에 올랭프 드 구주(Olympe de Gouges)는 「여성과 여성시민의 권리 선언Déclaration des droits de la femme et de la citoyenne」에서 재산권 및 상속권을 규제할 '남성과 여성 간의 사회 계약'을 제안하고 (마리 앙투아네트 왕비에게 호소하여) 이를 장려하려 했으나, 결실을 보지 못했다. 영국의 메리 울스턴크래프트(Mary

Wollstonecraft)는 『여성의 권리 옹호Vindication of the Rights of Woman』에서 여성의 권리를 존중하는 방향으로 프랑스 헌법을 수정해야 하며, 여성에게 무엇이 최선인지를 남성들 마음대로 판단하고 결정할 수 없다고 주장했다(그림 2). 여성의 권리를 부정하는 것은 그들을 가정의 영역에 가두고 '어둠 속을 더듬도록' 만드는 처사였다(상자 2).

카를 마르크스(Karl Marx)는 권리 수호를 선포한 미국 펜실베이니아주 및 뉴햄프셔주의 헌법과 프랑스의 인권선언문을

상자 2 메리 울스턴크래프트, 「탈레랑페리고르 씨께」, 『여성의 권리 옹호』(1792)

입법자로서 숙고해주시기 바랍니다. 남성들이 자신의 행복에 대해 스스로 판단할 권한과 자유를 위해 투쟁하는 지금, 여성만 종속시키는 것은 일관성 없고 부당한 처사가 아니겠습니까? 비록 귀하께서는 그것이 여성의 행복을 증진하는 최선의 길이라 확신하시겠지만 말입니다. 여성들도 남성처럼 이성의 능력을 지녔는데, 어째서 남성만이 판단의 권한을 독점해야 할까요? 나약한 왕에서 한 가정의 나약한 아버지에 이르기까지, 독재자들의 주장은 한결같습니다. 그들은 모두 이성을 억압하는 데 열중하지만, 그렇게 이성을 폐위시키는 것은 오로지 모두의 유익을 위해서라고 강변합니다. 귀하께서 여성의 시민적·정치적 권리를 부인함으로써 그들이 집 안에 갇혀 어둠 속을 더듬도록 강요하는 것도 그와 비슷한 처사가 아니겠습니까? 설마 이성에 근거하지 않은 의무에도 구속력이 있다고 주장하지는 않으시겠지요?

Opie pinx.t
Heath Sculpt
Mary Wollstonecraft Godwin.
London, Published Jan. 1st 1798, by J. Johnson, St Pauls Church Yard.

2. 메리 울스턴크래프트.

폄하했다. 새로운 정치 공동체를 형성하는 데 권리가 유용할 수 있다는 생각 자체에 동의하지 않았기 때문이다. 마르크스가 보기에 그런 권리는 개인의 이기적 집착을 강조할 뿐, 종교나 재산, 법으로부터의 인간 해방을 가져다주지 못했다. 그가 꿈꾼 미래의 공동체는, 모든 필요가 충족되고 이익 충돌이 없어 자연히 권리나 권리의 집행도 무의미한 곳이었다. 그는 또 공공선을 위해서는 권리가 제한될 수 있다는 점에 비추어볼 때도 정치적 삶의 목적이 권리 수호에 있다는 선언은 앞뒤가 맞지 않는다고 지적했다(상자 3).

19세기에는 '인간의 권리'나 자연권 개념이 정치적 변화에 끼치는 영향이 미미해졌다. 제러미 벤담(Jeremy Bentham) 같은 사상가는 '모든 사람이 자유롭게 태어났다'는 생각은 '부조리하고 한심한 헛소리'라고 비웃기까지 했다. 벤담은 침해할 수 없는 자연적 권리를 '터무니없는 헛소리'로 일축한 것으로도 잘 알려져 있고, 무언가를 원하는 것과 그것을 소유하는 것은 별개의 문제라고 단언했다. 그의 표현을 따르자면, '배고픔은 빵이 아니다'. 벤담은 진짜 권리는 법적 권리이며, 권리를 생성하고 그 한계를 설정하는 것은 자연권 옹호자가 아닌 입법자의 소관이라고 했다. 그는 정부가 자연권에 의해 제약받는다는 주장은 공연한 분란을 일으키고 심지어 무정부 상태를 불러올 수도 있다고 보았다.

상자 3 카를 마르크스, 『유대인 문제에 대하여Zur Judenfrage/On the Jewish Question』(1843)

이제 막 자신을 해방하기 시작한 〔프랑스〕 인민이, 그 내부의 다양한 집단 사이에 놓인 모든 장벽을 허물고 정치 공동체를 건설하기 시작한 마당에, 동료 인간 및 공동체로부터 분리된 이기적인 인간의 권리를 엄숙히 선포(1791년의 선언)했다는 사실, 게다가 가장 영웅적인 헌신만이 나라를 구할 수 있기에 그러한 헌신이 단호히 요구되던 순간에, 시민 사회의 모든 이해관계가 마땅히 희생되어야 하고 이기주의는 범죄로 처벌받아야 했던 바로 그 순간에, 그런 선언을 되풀이했다(1793년의 인권선언)는 사실은, 그것만으로도 충분히 당혹스럽다. 이런 사실이 더더욱 당혹스러운 이유는, 〔프랑스의〕 정치적 해방자들이 시민 사회와 정치 공동체마저 소위 인간의 권리를 유지하는 한갓 수단으로 전락시켰기 때문이고, 그리하여 시민(citoyen)이 이기적인 인간(homme)의 종복으로 공표되고, 인간이 공동체적 존재로서 행동하는 영역이 편파적인 존재로서 행동하는 영역 아래로 강등되어, 급기야 시민으로서의 인간이 아니라 부르주아로서의 인간이 본질적이고 참된 인간으로 간주되기에 이르렀기 때문이다.

오늘날의 학자인 아마르티아 센(Amartya Sen)은 벤담의 영향력을 환기하면서 그의 논리를 '적법성 비판'으로 명명한 바 있다. 적법성 비판자들은 인권은 '법 이전의 도덕적 요구'일 뿐이며 '법원이나 다른 법 집행 기관에서 인정되는 권리를 발생시킨다고 보기 어렵다'고 주장한다. 이에 대해 센은 인권을

'법제화된 권리'와 동일선상에 두는 것을 경계한다(그는 인권에 법적 근거가 없다고 해서 그것이 허상일 수 없으며, 오히려 윤리적 요구인 인권이 법적 권리의 위상을 넘어선다고 본다). 센은 인권 담론에 대한 다른 종류의 반발도 지적했다. 일부 문화권에서는 인권이 이질적 개념이며, 그런 곳에서는 권위에 대한 존중 같은 다른 원칙들을 우선시할 수도 있다는 주장인데, 센은 이를 가리켜 '문화 비판'이라 했다. 문화 비판은 인권이 주제로 떠오를 때마다 평론가들이 즐겨 취하는 입장이다. 스티븐 하우(Stephen Howe)의 『제국Empire: A Very Short Introduction』에서도 언급되었듯이, 어떤 이들은 (슬로보단 밀로셰비치Slobodan Milošević에 대한 미완의 재판으로 유명한) 옛 유고슬라비아 국제형사재판소(International Criminal Tribunal for the former Yugoslavia)를 제국주의의 소산으로 여긴다. "그런 비판자들이 보기에 '보편적' 인권이라는 개념은 실상 거대한 사기다. 서구 제국주의(옛 식민주의) 열강이 다른 모든 나라의 믿음과 전통은 죄다 무시한 채, '권리'가 무엇이어야 하는지에 대한 그들만의 매우 특수하고 국지적인 관념을 보편적인 것으로 둔갑시키려 들기 때문이다."

우리는 그러한 비판에 다음과 같이 답할 수 있다. 첫째, 벤담 당시에 자연권은 합의된 내용이나 법적 정당성을 갖추지 못했던 것이 사실이지만, 오늘날 자연권은 입법 기관과 정부의 동의를 얻어 내용을 갖추었다. 전 세계 모든 나라가 적어도 하나의 인권 조약에는 가입되어 있다. 둘째, 다른 문화권으로 전파되고 있는 권리들은 일각에서 주장하듯 그리 이질적이지 않다. 오늘날 일부 국가의 지도자들은 인권 상황에 대한 비판을 이질적이거나 서구적인 것으로 폄하하려 들지만, 그런 곳에서도 정상 회담에서의 압력에 못 이겨 인권이 증진되기보다는, 억압적 통치에 항거하는 시민운동의 일환으로 아래로부터 위로 권리 요구가 일어날 공산이 크다. 하지만 그렇다 해도, 권리들이 서로 충돌하는 상황에서 각 문화권이 상이한 선택을 내릴 여지는 있다. 앞으로 살펴보겠지만, 오늘날 인권 목록에 포함된 대부분의 권리는 타인의 권리를 위해 제한될 여지를 둔다.

어떤 독자들은, 이런 권리가 정말로 존재한다는 사실, 그러니까 법규나 조약의 차원을 넘어, 권리를 주상하는 사람들의 편의적 수단으로서가 아니라 모든 사람을 위한 도덕적 논리로서 인권이 존재한다는 사실을 우리가 아직 제대로 증명해 보이지 못했다고 할 것이다. 인권이 단지 서로 경합하는 이런 저런 요구들에 불과한 것이 아니라 인간에게 어떤 특별한 가치가 있다는 인식을 반영한다는 점을 분명히 보이기 위해, 이제 인권의 참된 본질이 인간의 존엄성을 수호하는 데 있다는 (갈수록 영향력을 더해가는) 생각을 살펴보도록 하자(상자 4).

상자 4 프레데리크 메그레(Frédéric Mégret) 외, 『인간의 존엄성: 취약 집단에 대한 특별한 관심Human Dignity: A Special Focus on Vulnerable Groups』

그렇다면 존엄성이란 아마도 이런 개념일 듯하다 — 나와 무관한 과정에 부속되고 싶지 않다, 어떤 더 큰 목적을 위한 부수적 희생자가 되고 싶지 않다. 달리 말해 이것은 개인을 사회 제도에 종속시키지 말고 사회 제도를 개인의 존엄성에 맞추어 조직하자는 호소다. 이런 의미에서, 존엄성에 기초한 접근은 몇몇 '핵심적 권리'를 추려내는 방식보다 더 나아 보인다. 핵심 권리를 추려내는 작업에는 지나치게 단순화된 거북한 선택들이 수반될 수밖에 없다. 다른 많은 것들과 마찬가지로, 다양한 권리는 다양한 시대 다양한 사람에게 저마다 다른 중요도를 지니기 때문이다.
모든 권리가 똑같이 중요하다. 실은 각각의 권리에 저마다 핵심과 주변이 있다고 보아야 할 것이다. 존엄성의 보호는 바로 그런 핵심에 달려 있다.

존엄성

현대의 인권 이론가들은 권리의 존재와 중요성을 정당화하기 위해 어떤 최우선적 가치들, 즉 자유, 공정, 자율, 평등, 인격, 존엄성 등을 언급해왔다. 독일 철학자 임마누엘 칸트(Immanuel Kant)를 따르는 이들은 인권의 논리를 절대적인 도덕 법칙에서 끌어내고자 했다. 이 법칙은 다음과 같은 명령으로 표현된다. 첫째, 우리는 우리가 다른 이성적 존재들도 따르기 바라는 그런 행위 준칙에 따라서만 행동해야 한다. 둘째, 사람은 어떤 목적을 위한 수단이 아니라 목적 그 자체로서 대해야 한다. 현대 철학자 앨런 거워스(Alan Gewirth)의 표현을 따르자면, '어떤 행위자나 제도도 결코 사람을 비하하고 그에게 아무런 권리나 존엄성이 없는 것처럼 대해서는 안 된다'. 지켜야 할 근원적 가치로서 개인의 자율과 주체성을 중시하는 권리 이론들은 종종 이 점을 논의의 출발점으로 삼는다.

현대 철학자 위르겐 하버마스(Jürgen Habermas)는 인간 존엄성의 개념이 어떻게 평등주의적이고 보편주의적인 법규로 이어지는지, 그리고 인권이 자유로운 사상의 유통과 참여를 허용하는 민주적 제도의 발달과 얼마나 밀접한 관계에 있는지를 강조한다. 그가 보기에 '인간의 존엄성이란, 모든 사람을 동등하게 존중한다는 도덕률을 실정법 및 민주적 입법과 연결하는 일종의 개념적 경첩으로, 존엄성을 매개로 한 도덕과 법의 상호작용이 적당한 역사적 조건과 만나면 인권에 기초한 정치 질서가 생성될 수 있다'. 그리고 인권은 '정의로운 사회라는 이상을 입헌 국가의 제도 안에 단단히 고정시킨다'.

이러한 철학적 탐구는 우리가 왜 인권을 보호해야 하는지를 말해준다는 점에서 유용하다. 우리는 사람들이 자율적 개인으로 성장할 자유를 누리고 공동체의 의사결정 과정에 평등하게 참여할 수 있는 사회를 건설하는 데 인권이 얼마나 중요한지를 이해하게 된다. 달리 말해, 우리가 정치 제도의 효용이 다름 아닌 인권 보호에 있음을 받아들이기 시작한다면, 그 이유는 (공동체라면 마땅히 신이 부여한 권리를 보호하거나 혹은 신이나 '자연 이성'이 부과하는 의무를 실천해야 해서가 아니라) 인권이 존엄성 같은 다른 가치들을 보호하는 데 효과적으로 보이기 때문이다.

물론 이 지점에서 가능한 물음은, 존엄성은 과연 인권보다 더 보호받을 가치가 있는지, 그리고 존엄성의 보호에 수반되는 것은 무엇인지 하는 것이다. 온갖 종류의 주장들이 존엄성의 보호를 그 근거로 내세우며, 그런 주장이 논쟁에서 서로 충돌하는 경우도 흔하다. 하지만 법원이 내놓는 판결로 볼 때, 오늘날 존엄성을 위한 배려는 적어도 네 가지 모습으로 나타난다고 할 수 있다. 첫째, 한 사람이 다른 사람에게 가하는 모든 종류의 비인간적 대우, 모욕, 비하를 금지한다. 둘째, 개인적 선택의 가능성 및 자기성취, 자율, 자기실현을 위한 조건을 보장한다. 셋째, 개인이 속한 집단의 정체성과 문화를 보호하는 것이 그 개인의 존엄성 보호에 필수적일 수 있음을 인정한다. 넷째, 개인의 기본적 필요가 충족될 여건을 마련한다.

크리스토퍼 매크러던(Christopher McCrudden)은 법원이 인권 사건과 관련한 의사 결정의 근거로서 존엄성을 점차 선호하고 있음을 확인했다. 이같은 현상은 국제 재판소인 유럽 인권재판소와 미주인권재판소(Inter-American Court of Human Rights)뿐 아니라 남아프리카 공화국, 헝가리, 인도, 이스라엘, 독일, 캐나다, 프랑스, 미국, 영국 같은 관할권역에서 나온 판례에서도 확인된다. 그의 연구에 따르면, 아직 존엄성이라는 용어의 구체적 의미는 명료하지 않지만, 그것은 이미 '법관들이 권리의 경중을 다루거나 할 때 자신의 처결을 정당화하기 위해 사용하는 표현'이 되었다.

존엄성은 어떤 대의가 다른 대의에 비해 선호되는 이유를 설명해주지만, 존엄성 그 자체만으로 어떤 특정한 결과가 반드시 정당화되는 것은 아니다. 표현의 자유는 인간의 존엄성을 위한 것이지만, 한편으로 타인의 사생활을 보호하거나, 혐오 발언을 막거나, 아동 포르노그래피를 근절하기 위해 표현의 자유를 제한하는 것 역시 그러하다. 임신 중절이나 조력 자살과 관련한 논의에서도, 찬반 양측 모두 어느 쪽이 옳은지를 결정해줄 판단 지침으로서 인간의 존엄성에 호소한다. 권리들 간의 균형을 다루는 제6장과 제8장에서도 살펴보겠지만, 합리적인 사람들 사이에서도 누구의 존엄성이 우선시되어야 할지를 두고 의견이 갈린다. 이렇게 볼 때, 인권 사건에 대한 판단은 그저 관련법의 입법 의도를 어떻게 해석하느냐에 달린 것이 아니다. 종종 그 판단은 우리가 어떤 사회를 원하느냐는 선택의 문제와 결부된다.

인권 사건의 판결이 존엄성 옹호의 필요성을 들어 정당화된 최근의 몇몇 사례는 종신형과 관련된 것이었다. 독일 법원은 (얼마 후 유럽 인권재판소도) '인간의 존엄성을 근간으로 하는 공동체'라면 반드시 범죄자의 갱생을 허용해야 하므로, 가석방 심사 없는 종신형은 인권과 부합하지 않을 수 있다고 판단했다.

탈(脫)이론

일부 철학자는 우리에게 어째서 인권이 있는지를 설득력 있게 설명하는 도덕 이론을 더는 찾지 말자고 제안했다. 리처드 로티(Richard Rorty)는 사실 '인권 문화의 등장은 도덕 지식의 증가와는 아무런 관계가 없고, 오직 슬프고 감성적인 이야기를 많이 들은 덕분'이라고 했다. 따라서 인권과 관련한 토대주의적〔foundationalist: 인식의 정당화를 위해서는 의문의 여지가 없는 근본적인 믿음이나 직관 같은 모종의 확고한 토대가 필요하다는 입장〕 도덕 이론은 이제 그만 뒤로 하고, 대신에 '우리의 노력을 감성을 다루는 일, 감성 교육에 더 집중'하자고 주장했다. 어떤 학자들은 인권은 세계가 어떤 모습으로 변해야 하는지에 관한 주장이며 따라서 본질적으로 규범적 주장이라고 강조한다(상자 5).

상자 5 마이클 굿하트(Michael Goodhart), 「인권과 쟁투 정치 Human Rights and the Politics of Contestation」

인권 주장은 가장 넓은 의미의 정치적 요구다. 인권 주장은 규범적 주장 — 무언가가 어떠해야 한다는 주장 — 이지만, 이는 그것이 도덕적 진리에 관한 주장이라는 뜻은 아니다. 인권 주장은 모든 사람을 일정한 기본적 자유를 누릴 자격이 있는 도덕적으로 대등한 존재로 대해야 한다는 믿음을 반영한다. 인권에 호소한다는 것은, 모두가 자유와 평등을 누려야 한다는 흔들리지 않는 신념으로 현질서에 도전하는 것, 즉 권력과 특혜의 구조, '자연적'이거나 임의적인 계층 구조에 맞선다는 것을 의미한다. 이런 의미에서 인권은 편파적이고 이념적이다. 그것은 어느 한 편, 즉 약하고, 유린당하고, 주변화되고, 짓밟힌 자들의 편에 서서 그들의 관점을 반영한다.

인권이 사회를 진보적으로 변화시키는 데 얼마나 효용이 있는지에 대해서는 활발한 논의가 진행중이다. 사회 정의를 염두에 두는 많은 사람들은, 권리 전략을 채택함으로써 기득권 중심의 재산 보유 구조가 더 공고해지지는 않을지 묻는다. 페미니스트들은 인권이 지금껏 구조적 성 불평등, 여성에 대한 사적 폭력, 의사결정 과정에 여성이 충분히 포함되지 않는 문제 등을 등한시했음을 강조한다. 설령 이러한 문제가 다루어지도록 인권을 재조정하더라도 결국 여성은 폭력의 피해자이자 보호가 필요한 대상이라는 고정관념만 강화하리라는 지적도 나온다. 또한 서구의 지도자들이 인권을 언급하는 일이 잦아지면서, 어떤 이들은 인권이 강대국의 도구로 전락해 남반구 약소국의 정치, 경제, 문화에 간섭할 구실로 악용되는 것을 우려한다. 마지막으로, 데이비드 케네디(David Kennedy) 같은 비평가들은 '인권의 어휘가 지배적으로 사용됨에 따라, 권리 개념에 기초하지 않는 다른 해방적 기획들, 특히 종교적이거나 국가적 · 지역적인 역량에 더 크게 의존하는 기획들에는 전혀 의도치 않은 악영향이 미칠 수 있다'고 경고한다〔케네디는 국제적 차원의 인권 운동이 자원과 정당성을 독점하는 현상을 우려한다〕. 이러한 비판은 인권의 존재를 부정하고자 함이 아니다. 실제로 오늘날 인권은 종종 그 존재를 의심받아서가 아니라 그것이 편재(遍在)하기 때문에 공격받는다.

쿤데라가 말하는 인권

국제 인권의 언어는 이제 온갖 종류의 주장이나 논쟁에 등장한다. 거의 모든 사람이 권리를 주장하거나 부정하는 말로 자신의 견해를 강조한다. 서구의 경우, 이미 권리에 관한 이야기가 진부해진 시대가 되었다고 보는 이들도 있다. 밀란 쿤데라(Milan Kundera)의 소설 『불멸L'immortalité/Immortality』 중 '인권침해에 대한 항의의 몸짓' 부분에서 이를 확인해보자. 브리지트는 그녀의 독일어 선생과 (독일어 문법의 비논리성을 두고) 언쟁을 벌인 후 와인을 사러 파리 시내에 있는 식료품점 포숑으로 차를 몰고 간다.

그녀는 차를 대고 싶었지만 불가능했다. 범퍼를 맞대고 인도를 따라 세워진 차량이 반경 800m까지 줄줄이 늘어서 있었기 때문이다. 15분을 돌고 돌아도 전혀 자리가 나지 않자, 분노와 경악을 주체할 수 없었다. 결국 그녀는 인도 위에 주차한 후 차에서 내려 가게로 향했다.

가게로 다가간 그녀는 이상한 장면을 목격한다. 포숑은 무척 고급스러운 상점인데, 이날만큼은 '허름한 옷차림'을 한 100여 명의 실직자가 가게 안팎을 메우고 있었다. 쿤데라의 말을 보자.

기이한 시위였다. 그 실업자들은 뭔가를 부수거나 누군가를 협박하거나 구호를 외치려고 온 게 아니었다. 다만 그들은 부자들을 곤혹스럽게 하고 싶었고, 그들이 거기 있는 것만으로 와인과 캐비아를 향한 부자들의 입맛이 시들해지기를 기대했다.

어쨌거나 브리지트는 원하던 대로 와인을 구매했지만, 차로 돌아와보니 경찰관 2명이 기다리고 있었다. 그들이 주차 위반 벌금을 부과하자 브리지트는 거세게 항의하기 시작했다. 차가 불법으로 주차되어 인도를 막고 있다는 지적에, 그녀는 꼬리를 물고 주차된 많은 차를 가리켰다.

"대체 내가 어디다 주차를 해야 했다는 거죠? 자동차 구매가 허용된다면, 당연히 주차할 공간도 보장돼야 하는 것 아닌가요? 그게 논리적이잖아요!" 그녀가 소리쳤다.

쿤데라는 이 이야기에서 다음 대목을 강조한다.

경찰들에게 소리치는 동안 브리지트는 포송에서 시위하던 실업자들이 떠올랐고, 그들에 대한 강한 공감이 솟아났다. 마치 그들과 한 편이 되어 공동의 투쟁에 뛰어든 느낌이었다. 이런 생각이 용기를 북돋웠고, 그녀는 더욱 목소리를 높였다. 경찰들은 (모피코트 차림으로 실업자들의 시선을 의식하던 여자들만큼이나 머뭇거리며) 금지, 불허, 규율, 질서 따위의 말을 어설프고 미련스레 되풀이하더니, 결국 벌금을 물리지 않고 그녀를 보내주었다.

쿤데라는 경찰과 실랑이를 벌이는 동안 브리지트가 연신 고개를 좌우로 빠르게 흔들어대며 동시에 어깨와 눈썹을 치켜들었다고 지적한다. 그녀는 그 일을 아버지에게 전할 때도 마찬가지로 고개를 가로저었다. 쿤데라의 말이다.

> 우리는 전에도 이런 몸짓과 마주한 적이 있다. 그것은 누군가가 우리의 가장 자명한 권리를 부정하려 들 때 느끼는 분노와 경악을 표현하는 몸짓이다. 그러므로 이 몸짓을 인권침해에 대한 항의의 몸짓이라 부르도록 하자.

쿤데라가 보기에, 비교적 근래에 인권에 대한 서구의 관심이 달아오른 계기는, 프랑스 혁명의 권리 선언을 무색게 한 러시아 강제 수용소의 존재였다.

> 인권 개념의 기원은 200년쯤 전으로 거슬러올라가지만, 그 영광이 절정에 이른 때는 1970년대 후반이다. 알렉산드르 솔제니친이 소련에서 막 추방돼 나온 시기였다. 긴 턱수염에 수갑을 찬 그의 충격적인 모습은, 그들 자신에게는 허락되지 않았던 위대한 운명을 애타게 동경하던 서구의 지식인들을 망연하게 했다. 그들이 50년이나 늦게나마 공산 러시아에 강제 수용소가 존재한다는 사실을 믿기 시작한 것은 오로지 솔제니친 덕분이었다. 이제 진보적 인사들조차 정치적 견해 때문에 사람을 가둔 그러한 처사는 온당하지 못하다고 인정하게 되었다. 그리고 자신들의 새로운 입

장을 정당화할 훌륭한 논거를 찾아냈다. 바로 러시아 공산주의자들이 인권을, 저 프랑스 혁명에서 영광스럽게 선포되었던 그 권리들을 침해했다는 것이다!

이렇게 해서, 솔제니친 덕분에 인권은 다시 한번 시대를 대표하는 어휘집에 자리잡았다. 내가 아는 정치인 중에 '인권을 위한 투쟁'이니 '인권침해'니 하는 말을 하루 열 번 이상 입에 올리지 않는 사람은 단 한 명도 없다. 하지만 서방 세계에서는 강제 수용소로 끌려갈 위험도 없고 무엇이든 원하는 대로 자유로이 말하고 쓸 수 있기 때문에, 인권을 위한 투쟁이 점점 더 대중화될수록 그 구체적인 내용은 점차 사라져버렸다. 대신에 그것은 모든 사람이 모든 것에 대해 보이는 보편적 태도, 인간의 모든 욕구를 권리로 둔갑시키는 어떤 힘이 되어버렸다. 세계가 곧 인간의 권리가 되고, 세계 속 모든 것들이 다 권리가 되었다. 사랑의 욕구는 사랑의 권리로, 휴식의 욕구는 휴식의 권리로, 우정의 욕구는 우정의 권리로, 과속의 욕구는 과속할 권리로, 행복의 욕구는 행복해질 권리로, 책을 내고픈 욕구는 책을 낼 권리로, 야밤에 거리에서 소리치고픈 욕구는 야밤에 거리에서 소리칠 권리로 변했다. 실업자들에겐 고급 식료품점을 점령할 권리가 있고, 모피 코트를 입은 여자들에겐 캐비아를 살 권리가 있고, 브리지트에겐 인도에 차를 세울 권리가 있다. 실업자들이나 모피 코트 입은 여자들이나 브리지트나, 모두가 다 같은 인권 투사들인 것이다.

쿤데라의 글은 오늘날 인권 세계에서 일어나는 변화에 관하여 주목할 점 몇 가지를 짚는다. 첫째, 오늘날 어떤 이들에게 인권은 당연하고 자명하며 더없이 논리적이다. 권리의 원천이나 어떤 권리 주장의 이론적 토대가 무엇인지를 따져 묻는 경우는 많지 않다. 인권 체제의 토대는 너무나 견고해 보여서, 권리에 호소하는 행위 자체가 그 사람을 의롭게 만드는 듯하다.

둘째, 사람들은 억울함을 느낄 때 즉각 인권을 떠올린다. 부당한 일을 당했다는 느낌이 권리를 무시당했다는 느낌을 낳는다. '사회 계약', '자연법', '올바른 이성' 같은 개념보다는, 권리—반박할 수 없는 논리에서 도출되는 당연한 자격으로서의 권리—에 호소하는 것이 오늘날에는 어쨌거나 더욱 즉각적인 설득력을 발휘한다. 브리지트는 자신에게 논리적으로 부여된 (인도에 주차할) **권리**에 호소함으로써 경찰관을 설득한다. 너그러움이나 용서, 인간애, 자비에 호소하는 몸짓은 아마도 달랐을 것이다.

셋째, 함께 느끼는 불만은 '권리'를 주장하는 이들을 든든히 뒷받침한다. 분개한 이들이 단결하여 항의할 때, 우리는 연대를 통한 힘을 발견한다. 법 자체를 항의의 대상으로 삼기도 한다. 법이 분노를 사면 어떤 식으로든 정당성을 잃고, 법 집행자의 눈에마저 그렇게 보일 수 있다. 법에 대한 복종은 대개

법의 합리성과 연계된 습속이다. 우리는 인권에 기대어 우리가 부당하다고 느끼는 법에 (이 법이 바른 절차에 따라 채택되었다 해도) 도전할 수 있게 되었다. 사실 이제 거의 모든 나라에서 인권에 저촉되는 법에 이의를 제기할 수 있을 정도로 인권법이 발전했다. 그렇게 해서 실제로 법이 폐기되고 무효화되면서, 모든 법의 정당성 혹은 적법성을 인권법에 비추어 판단해야 한다는 타당한 인식이 자리잡게 되었다. 일반 국내법과 인권법(또는 헌법에 규정된 권리 조항들) 사이의 위계는 이제 국제적으로도, 즉 일반 국제법과 몇몇 '상위' 금지 규정(통칭 '강행 규범peremptory norm/jus cogens'이라 한다) 사이의 위계로도 나타난다. 인권은 이제 한 단계 높은 차원에서 작용하면서 법 일반을 비판하는 데 사용된다.

넷째, 권리에 호소하고 권리에 대한 존중을 확고히 하는 일은 어떤 고정된 목표를 달성하는 방법이 아니라 우리가 속한 체제를 바꾸어가는 방법이다. 인권은 세상을 변화시키는 도구로서 중요하다. 인권은 더는 (프랑스의 1789년 인권선언문이나 영국의 1215년 대헌장에 포함된 정치적 합의 같은) 몇몇 국가의 혁명적 선언에서 규정된 시민 개인의 권리들이라는 개념에 머물러 있지 않다. 오늘날 인권은 국내법을 바꿔나가는 중요한 도구이기도 하며, 더 나아가 국제 사회의 개발 원조 사업, 정권 교체와 맞물린 전환기 정의〔transitional justice: 한 사회가 과거에 벌어진 대규모 잔학 행위의 유산을 처리하기 위해 행하는 모든 진실 규명, 피해 보상, 제도 개혁 등의 조처) 지원 사업, 전후 재건 사업, 빈곤 퇴치, 기후 변화 대처 등에 적용되어야 할 원칙으로 간주된다.

다섯째, 어떤 사람들은 인권을 역사적으로 서구에 의해 주도된 가치로 여기며, 그래서 인권에 대한 문제 제기를 그들의 현실과 동떨어진 배부른 소리로 배척하고픈 충동을 느끼기 쉽다. 물론 주차 공간 부족에 항의하는 돈 많은 젊은 여자의 경우는 부조리와 풍자를 담은 의도적 예시다. 하지만 쿤데라의 이야기는 일부 서구 정권이 인권 침해를 선택적으로 용인하거나 조장할 때, 인권 침해에 대한 비판이 순식간에 얼마나 우스꽝스럽고 심지어 위선적으로 비칠 수 있을지를 짐작게 한다. 그럼에도, 인권과 관련해 서구의 위선을 지나치게 강조하는 것은 잘못이다. 사실 현대의 인권 운동과 복잡다단한 국제 인권 규범은 국경을 넘어선 여러 광범위한 운동에서 생겨난 것이다. 과거로부터 지금까지, 세계 전역의 반제국주의, 반아파르트헤이트, 반인종주의, 반유대주의, 반동성애혐오, 반이슬람혐오, 페미니즘, 원주민 투쟁 등 다양한 맥락에서 인권 존중을 호소하고 주창해왔다. 현재로서는 서구 정권이 가장 높은 차원의 국제적 담론을 지배하고 있는 것이 사실이지만, 현장의 구호는 반드시 그들의 눈치를 보거나 서구적 관점을 추종하지 않는다.

여섯째, 인권을 침해당한 피해자들 사이의 연대감은 계급이나 성별 등의 구별을 넘어선다. 이런 결속감은 변화하는 인권 세계를 이해하는 데 필수적이다. 인권 운동은 서구에 본부를 둔 거대 조직을 비롯해, 극악한 학대를 폭로하고자 발로 뛰는 각 지역 기반의 소규모 사실 확인 단체나 피해자 지원 단체들을 모두 포함한다. 또한 국제공법에서 일부 인권 규범이 누리는 우선적 지위를 정당화하는 논리 중 하나는, 어떤 행위들은 인류의 보편적 양심을 너무나 심각하게 해치므로 인간성 자체에 대한 죄로 엄히 다루어야 한다는 것이다. 우리 모두가 인간성을 공유하고 고통을 함께 느낀다는 인식이야말로 인권 세계를 지탱하는 힘이며 **인권 침해에 대한 항의의 몸짓**을 설명해준다.

마지막으로, 쿤데라와 브리지트의 눈을 통해 우리는 문화, 시대, 장소, 지식에 따른 상이한 인권의 논리들을 관찰한다. 이 이야기는 유럽의 대도시를 배경으로 냉전 말기의 분위기를 포착한다. 오늘날 아프리카나 아시아, 미국의 인권 이야기는 이와 무척 다를 것이다. 그러나 쿤데라는 당대의 한 특별한 몸짓에서 인권 담론을 추동하는 인간의 내적 감정을 읽어냄으로써 우리의 이해를 돕는다. 인권의 어휘는 우리 모두가 생득적으로 이해하는 심층적 보편언어 구조가 그대로 발현된 것

상자 6 미 관타나모 베이 수용소 당국과 보안 회사 G4S가 맺은 계약과 관련해 리프리브가 제출한 고소장 발췌문

예멘 국적의 에마드 하산 씨는 파키스탄에서 유학중에 체포되었다. 그는 신문 과정에서 알카에다를 아느냐는 질문을 받았고, 그렇다고 답했다. 하지만 그가 말한 건 국제 테러 조직 알카에다가 아니라 같은 이름을 가진 예멘 고향 근처의 작은 마을이었다. 이 엄청난 오해를 근거로, 하산 씨는 기소도 재판도 없이 관타나모 베이에 구금되어 거의 12년을 보냈다(그는 13년 만인 2015년 6월에 풀려났다).

하산 씨는 시를 공부하려고 예멘에서 파키스탄으로 건너간 학생이었지만, 하숙집을 급습한 파키스탄군에 체포되면서 그의 학업은 중단되었다. 그는 현상금 5천 달러에 미군으로 넘겨져 관타나모 베이 수용소로 이송되었다. 연방수사국(FBI)과 중앙정보국(CIA)을 포함한 미 정부 산하 6개 기관으로 구성된 합동 심사위원회는 2009년에 하산 씨의 석방을 결정했다. 그런데도 그는 여전히 무기 구금 상태다.

하산 씨는 관타나모에서 가장 긴 단식 투쟁을 벌여왔다. 지난 7년간 그는 음식물 섭취를 거부했고, 매일 두 차례 행해진 난폭한 강제 급식을 견뎌야 했다. 군은 그의 의지를 꺾을 수단의 일환으로 2007년부터 5천 회 이상의 폭력적인 강제 급식을 강행해왔다. 그 결과 그는 심각한 내장 손상으로 고통받고 있다.

강제 급식으로 인해 하산 씨는 중증 췌장염에 걸렸고, 비강 한쪽도 완전히 막혔다.

하산 씨는 이렇게 말했다. "나는 때로 의자에 앉은 채로 구토를 합니다. 누구도 아무 말 하지 않습니다. 설령 그들이 등을 돌린다 해도 이해할 겁니다. 여기 인간은 없습니다. 내가 원하는 건 오직 기본적인 인권입니다."

도 아니고, 그렇다고 성인이 되어 새로이 학습해야 하는 언어도 아니다. 인권은 불의와 비인간성에 맞서고 더 나은 정부를 만들어가는 투쟁의 이야기지만, 동시에 각국은 저마다의 외교적 정책 목표를 달성하고자 인권을 이용하기도 한다. 인권을 추동하는 요인들을 어느 정도 이해하지 못하면, 향후 인권의 향방을 결정할 오늘의 흐름을 놓칠 위험이 있다. 쿤데라의 회의적 태도는 거슬리기도 하지만 공감도 간다. 우리는 인권의 '당연한' 도덕적 논리를 확신하면서도, 일부 권리 주장에 대해서는 냉소적이다. 오늘의 인권 세계를 이해하려면 이러한 모순을 직시해야 한다.

관타나모 베이(Guantánamo Bay) 수용소와 관련해 국제 인권 단체 리프리브(Reprieve)가 최근 제출한 고소장에는, 인권 보호를 위한 우리 시대의 절절한 호소가 담겨 있다(상자 6).

제 2 장

역사적 발전과 오늘의 의제들

오늘날 관료나 행동가들이 '인권'을 언급할 때 그것은 거의 틀림없이 도덕적 · 철학적 의미의 권리가 아니라 국제법과 국내법에서 인정되는 인권을 뜻한다. 물론 관련된 철학적 논의는 앞으로도 계속되어, 왜 우리가 인권을 중시하고 어떻게 인권을 가장 잘 증진할 수 있을지를 밝혀줄 (때로는 도리어 흐릴) 것이다. 그러나 현재 (철학을 논외로 한) 인권의 **내용**을 이해하는 일반적인 방법은, 그간 국제 문서를 통해 형성되어온 인권의 법률적 목록을 참조하는 것이다. 이러한 법적 접근법은, 우리가 고유한 자연권으로 인식하는 것들을 실질적으로 보호할 필요성에 부응하며, 인권이 그저 무법적인 욕망일 뿐이라는 비판에 대처하는 데 어느 정도 도움이 된다. 실정법으로의 전환은 합의된 문건의 형태로 인권을 고정한다는 의의가 있다. 허시 라우터파흐트(Hersch Lauterpacht)의 저서 『국제 인권 장전An International Bill of the Rights of Man』(1945)은 인권 발달사에서 중요한 역할을 했다. 그는 이 책에서 폭넓은 자연권 사상과 헌법에 규정된 권리들을 기반으로 유엔이 보장하는 성문화된 권리 장전을 만들자고 주장했다.

오늘날 우리에게 가장 핵심적인 문건 중 하나는 1948년 유엔 총회에서 채택된 세계인권선언이다(전문은 부록 참조). 하지만 이 선언으로 인권의 목록이 영구히 고정되지는 않았다. 이후 수십 건의 조약〔treaty: 국가나 국제기구에 구속력 있는 법적 의무와 권리를 발생시키는 국제적 합의로서, 가장 격식 있는 좁은 의미의 조약treaty, 규약covenant, 협약convention, 의정서protocol 등을 통칭한다〕 및 정부 간 선언문이 추가되어 1948년에 공표된 내용을 보완했다. 부산한 문서화 작업이 절정에 달했던 1984년, 필립 올스턴(Philip Alston)은 새로이 채택되는 국제 인권들이 이를테면 와인처럼 유엔 총회의 '품질 관리'를 받게 하자고 제안했다. 그에 따라 1986년 유엔은 국제 인권 문서에 다음과 같은 요건을 부과하기로 결의했다.

(1) 기존에 확립된 국제 인권법과 어긋나지 않을 것
(2) 인간의 내재적 존엄성과 가치에서 도출되는 근본적 성

격의 권리를 규정할 것

(3) 식별 가능하고 실천 가능한 권리와 의무를 발생시키기에 충분하도록 명료할 것

(4) 적합한 경우, 보고 시스템 등의 현실적이고 효과적인 이행 기제를 제공할 것

(5) 국제사회의 폭넓은 지지를 확보할 것

어떤 이들은 많은 문서들이 위 기준에 미치지 못한다고 느낄 것이다. 그러나 전체적으로 보아 유엔의 핵심적 인권 문서들은 이 기준을 충족한다. 이제 그러한 인권 목록이 작성된 경위를 좀더 상세히 살펴보자.

제2차세계대전 이전

국제 인권 보호의 역사적 발전 과정을 살펴봐야 하는 이유는, 그럼으로써 국가들이 국제관계에서 인권을 이용하는 까닭과 그 방법에 관해 많은 것을 알 수 있기 때문이다. 20세기 인권 이야기에는 여러 층위가 있다. 첫째로, 인권은 세계대전의 명분으로 활용되었다. 제1차세계대전 와중이던 1915년, 영국의 프랜시스 영허즈번드 경(Sir Francis Younghusband)은 권리투쟁운동(Fight for Right Movement)이라는 단체를 조직했다.

이들이 천명한 목표 중 하나는 '우리가 단순한 자기방어 이상의 무언가를 위해 싸우고 있다는 사실, 우리의 싸움은 인류 전체를 위한 싸움이며 미래 세대에까지 인권을 보전하기 위한 싸움이라는 사실을 온 나라에 각인시키는 것'이었다. 이와 별도의 다소 학구적인 층위에서는, 1917년 칠레의 법학자이자 미주국제법학회(American Institute of International Law) 사무총장이던 알레한드로 알바레스(Alejandro Alvarez)가 개인과 결사체의 권리에 대한 국제적 인정을 촉구하는 활동을 펼쳤다.

미국의 우드로 윌슨(Woodrow Wilson) 대통령은 1918년 의회 연설에서 '정의와 공정에 입각한 세계의 건설'을 호소하고 이런 구상을 구체화한 '14개조 평화 원칙(Fourteen Points programme)'을 제안했다. 윌슨의 14개조 원칙은 독립을 원하는 민족에게 자결과 건국의 권리가 있음을 명시적으로 언급했으며, 1차대전 종전 협상을 위한 밑바탕이 되었다. 이 14개조 원칙이 온전히 반영되지는 않았으나, 1919년 베르사유 평화조약(Versailles Peace Treaty)에는 국제연맹과 국제노동기구(ILO)를 설립한다는 내용이 포함되었다. 국제연맹은 전쟁이나 전쟁 위협에 의존하는 나라에 대한 회원국 공동의 대응을 통해 국제 평화와 안보를 유지하고자 했다. 국제연맹 시기에 인권과 관련해 이루어진 세 가지 발전은 소수족 보호 조약의 체결, 국제 노동권의 발달, 그리고 노예제 폐지 활동이었다.

1차대전에서 승리한 연합국과 동유럽 국가들은 일련의 소수족 조약 및 선언문을 채택하고, 알바니아, 오스트리아, 불가리아, 체코슬로바키아, 에스토니아, 핀란드, 그리스, 헝가리, 라트비아, 리투아니아, 폴란드, 루마니아, 터키, 유고슬라비아에 거주하는 소수족의 일정한 권리를 보호하기로 합의했다. 국경이 재설정되고 신생 국가가 탄생하는 상황에서 간신히 찾아온 '세계 평화'를 깨뜨리지 않으려면 소수족에 대한 박해를 경계해야 한다는 인식이 깔려 있었다. 특정 집단의 권리를 국제적 수준에서 보호하려는 다자간 노력이 이렇게 시작되었다. 공통적으로 이들 조약은 당사국(state party: 조약 비준이나 가입 등을 통해 해당 조약이 발효된 국가) 내 소수족의 권리가 보호되도록 보장하는 유사한 조항들을 두었고, 그러한 조항에는 모든 거주민에게 생명권과 자유권을 보장하고 국민에게는 시민적 · 정치적 권리를 보장한다는 내용이 포함되었다.

소수족의 권리를 법적으로 인정하고 보호하려는 국제연맹의 이러한 노력은 중대한 발전이었다. 한편으로 그것은 개인의 권리를 국제법으로 보호하려는 시도가 이루어졌음을 의미했고, 다른 한편으로는 한 국가가 자국 내 거주민을 대하는 방식이 이제 국제사회의 정당한 관심사가 되었음을 의미했다. 하지만 소수족 권리에 대한 상당한 기여에도 불구하고, 국제연맹 체제에서 제공된 인권 보호는 엄연히 일부 집단과 일부 국가에 국한되었다는 한계를 지닌다.

국제연맹은 또한 노동자의 권리를 보호하는 데 적극적이었다. '남성, 여성, 아동을 위한 적절하고 인간적인 노동 조건'은 국제연맹규약(Covenant of the League of Nations)에 명시된 목표였다. 이 목표를 실현하는 것이 국제노동기구의 중심 과제였고, 국제노동기구는 오늘날까지도 유엔 전문기구(specialized agency)로 존속한다. 소수족 보호 조약이나 노동권 증진은 국제 인권 발달의 배아적 단계로 볼 수 있다. 하지만 우리는 각국 정부가 이러한 조치를 취한 동기는 **자국의 이익을 도모**하기 위함이었음을 인지할 필요가 있다. 소수족 보호 조약을 통해 개인의 권리가 법적 보호를 받기 시작한 것은 개인이 국가와 맺는 관계 때문으로, 말하자면 개인에 대한 탄압은 결국 그와 연결된 국가에 대한 공격이라는 인식이 있었기 때문이다. 따라서 각국은 관련 조약을 체결함으로써 서로 간의 정치적 긴장을 완화하고 전쟁을 피할 수 있으리라 보았다. 마찬가지로, 일부 국가는 노동권을 인정하고 보호하는 것이 민심이 공산주의로 기우는 것을 막고 그럼으로써 혁명이 일어날 위험을 줄일 최선의 방법이라고 여겼다.

1919년 베르사유 평화회담에서 국제연맹규약이 논의될 당시, 여러 국가가 평등권의 존중도 규약에 포함시킬 것을 제안했었다. 관심이 두드러진 분야는 종교적 자유, 그리고 인종과 국적에 따른 차별의 금지였다. 심지어 영국 대표단의 로버트 세실(Robert Cecil) 경은 세계 평화를 위태롭게 할 정도로 타 종교에 배타적인 나라에 대해서는 다른 회원국이 '개입'할 권한을 갖게 하자고 제안했다. 일본 대표단의 외무대신 마키노 노부아키(牧野伸顯) 남작은, 다른 회원국의 국민도 국적과 인종에 따른 구별 없이 평등하고 공정하게 대우하는 데 모든 회원국이 최대한 이른 시일 안에 동의하도록 하는 조문을 포함시키자고 제안했다.

그러나 두 제안 모두 채택되지 못했다. 국제연맹규약에 비차별 조항이 포함되지 않은 것을 두고 안토니오 카세제(Antonio Cassese)는 이렇게 말했다.

> 서구 열강은 비차별 원칙을 받아들이려 하지도 않았고 그럴 수도 없었다. 그런 원칙은 세계 다른 지역의 시민들에 대한 그들 자신의 차별적 관행을 심각하게 제한하고, 결국에는 자국의 제도 안에서 그들이 여전히 용인하고 있던 유사한 관행(물론 여기서 내가 염두에 두는 것은 무엇보다도 미국 내 인종 차별이다)마저 위협했을 테니 말이다.

노예무역 불법화와 노예제 철폐를 위한 싸움에 관해서도 언급할 필요가 있다. 노예제에 맞선 노력은 이미 19세기부터 계속되고 있었다. 노예제 폐지에는 전략적 · 경제적 요인도 작용했지만, 순수하게 노예제가 비인도적이라는 정서도 엄연히 존재했다. 비정부 기구들은 1820년대부터 노예제 폐지를 위한 국제사회의 행동을 촉구했고, 그래서 더러는 반노예제 투쟁이 인권 운동의 효시로 여겨지기도 한다(반노예제 인터내셔널Anti-Slavery International은 세계에서 가장 오래된 국제 인권 단체라 자처한다).

국제연맹은 노예제 문제 전담 위원회를 설치해 1926년에 노예제협약(Slavery Convention, 유엔에 의해 계승되어 1956년에 보완 개정)을 채택했으며, 또한 여성과 아동의 인신매매를 막기 위한 협약들도 마련했다(국제연맹 출범 전인 1910년에 이미 그러한 '백색 노예 매매'를 근절하기 위한 협약이 체결된 바 있다).

여기서 잠시, 슬프게도 우리가 오늘날 직면한 소위 '현대판 노예제' 문제를 짚고 넘어가지 않을 수 없다. 현대판 노예제는 인신매매와 강제 노동으로 굴러간다. 국제노동기구 추산에 따르면, 이같은 상황에 처한 사람의 수는 2천 만을 넘어서며, 강제노동에서 오는 불법 수익금은 한해 1502억 달러에 이른다(상자 7). 현재 유엔이 가장 주목하는 현대판 노예제 유형에는 담보 노동(bonded labour/debt bondage: 채무 변제를 위한 강제 노동으로, 노동의 대가가 정당하게 정산되지 않으므로 사실상의 노예 생활이 지속된다), 가사 노역, 강제 조혼, 아동 노역, 노예 결

상자 7 국제노동기구, 『이윤과 빈곤Profits and Poverty』

국제노동기구는 2012년 조사에서 전 세계에서 강제 노동에 얽매인 ― 노동 착취 및 성 착취를 목적으로 인신매매되었거나 노예와 같은 조건에 묶인 ― 사람의 수가 2090만 명에 달하는 것으로 추산했다. 대다수인 1870만(90%)은 민간 경제 부문에서 개인이나 기업에 의해 착취당하고 있는데, 이 가운데 450만(22%)은 강요된 성 착취 피해자이며, 1420만(68%)은 주로 농업, 건설, 가사, 제조업, 광업, 공공 설비 부문의 강요된 노동 착취 피해자다. 나머지 220만(10%)은 교도소나 군대 및 준(準)군사 조직에서 국가가 부과한 강제 노동을 수행하고 있다.

혼(사람을 매매, 양도, 상속하여 맺는 결혼), 카스트 기반의 노예제가 있다. 인신매매는 노동 착취나 성 착취뿐 아니라 장기 적출도 겨냥한다(상자 8). 인권을 생각하는 사람들은 이제 이러한 현상의 원인을 파악하여 국제 협력의 범위가 인신매매 피해자 보호로까지 확대되는 것을 꾀한다(상자 9). 이를 어렵게 만드는 요인 중 하나는, 국제 협력망을 이용하는 각국 정부의 관심이 인신매매범 추적과 피해자 보호보다는 이민자 단속에 쏠리는 경향이 있다는 점이다.

요약하자면, 국제연맹 당시의 국제사회는 일부 소수족에 대한 전략적 관심이 있었고, 노동자들의 열악한 환경에 주목했으며, 성매매를 강요당하는 여성을 온정주의적 태도로 걱정했

상자 8 조이 응고지 에제일로(Joy Ngozi Ezeilo) 유엔 특별보고관 (special rapporteur) 보고서

2013년 4월, 의료인 3명을 포함한 5명의 코소보인이 장기 밀매 조직과 연루된 혐의로 유죄를 선고받았다. 조직은 몰도바 공화국, 러시아 연방, 터키의 가난한 사람들을 코소보로 유인해 그들의 신장 등 장기를 캐나다, 독일, 이스라엘, 미국에서 온 부유한 이식 희망자에게 팔았다. 장기를 이식받은 이들에게는 최고 13만 달러의 벌금이 부과되었다. 희생자들 — 그중에는 아동 5명도 포함되었다 — 은 최고 2만 6천 달러를 약속받고서 그들이 친척을 위해 장기를 기증한다는 내용의 허위 문서에 서명했다. 많은 이들이 약속된 대가나 적절한 치료를 받지 못했다.

상자 9 우르밀라 불라(Urmila Bhoola) 유엔 특별보고관 보고서

강제 노동 등 현대판 노예제의 수요를 추동하는 것이 이윤 추구 동기라면, 그 공급을 뒷받침하는 '밀어넣기' 요인은 소득 쇼크에 대한 취약성 증가로 인한 절대 빈곤 가구 확대, 교육 부족과 문맹, 그리고 실직과 토지 상실 등이다. 이에 따라 비공식 부문 노동, 이주, 인신매매가 불가피하게 늘어나는데, 특히 여성과 소녀들에 끼치는 영향이 불균형적으로 크며 — 강제 노동 피해자 절반 이상이 여성과 소녀들이다 — 이 점은 여러 자료로 확인된다.

다. 그러나 인간을 인간으로서 보호하는 유의미한 국제적 권리나 의무는 아직 생겨나지 않았다.

양차 대전 사이의 시기에도 개인의 권리가 배려되도록 국제법의 영역을 확장하려는 관심이 어느 정도는 있었다. 파리 대학 국제법 교수였던 알베르 드 라프라델(Albert de Lapradelle)은 국제법학회(Institut de droit international)에 '국제인권선언(Déclaration des droits internationaux de l'homme)' 초안을 제출했다. 국제연맹의 소수족 보호 조약에 영향받은 드 라프라델은, 보편적 성격을 지니면서 동시에 국제사회 모든 국가에 호소력을 지니는 권리 선언문을 만들고자 했다. 러시아 출신의 앙드레 만델슈탐(André Mandelstam) 교수 역시 비슷한 내용의 문건을 작성했는데, 결국 이것이 국제법학회가 1929년 뉴욕 회의에서 승인한 최종 선언문의 기초가 되었다. 중요한 사실은 이 선언문이 시민(citizen)의 권리를 언급하는 대신에 인간 개개인에 속한 생명, 자유, 재산의 권리를 선포했다는 점이다. 이들 권리는 국적이나 성별, 인종, 언어, 종교에 따른 어떠한 차별도 없이 존중되어야 했다. 그러나 이 선언은 그저 저명한 법조인들 사이의 일화로만 남았다—강대국 정부들은 인권의 국제적 보호에 열의가 없었다. 1933년 국제연맹 회의에 아이티 대표로 참석한 앙투안 프랑굴리(Antoine Frangulis)는 〔회원국 대부분을 아우르는〕 일반 협약을 통해 국가의 의무를 확대함으로써 소수족의 범주를 넘어 모든 사람에게 동일한 보호와 자유를 제공하자고 주장했으나 소득은 없었다. 그러한 제안은 강대국의 입맛에 맞지 않았다. 역사가 폴 로런(Paul Lauren)에 따르면, 익명을 요구한 한 영국 관료는 이렇게 말했다고 한다. "영국 정부가 그런 제안을 받아들이는 것은 우리의 식민 경험을 고려해볼 때 완전히 불가능했다."

제2차세계대전

제2차세계대전의 발발과 더불어 인권에 대한 언급이 빈번해졌다. 1939년에 영국 작가 H. G. 웰스(Wells)는 런던의 〈타임스〉에 기고문을 보내 '전쟁의 목적'을 논하자고 제안했다. 그는 국제연맹을 '지구상에서 무력 충돌을 몰아내고 인류의 새 삶을 열어가려던 혁명적 기획의 초라하고 무력한 성과'라고 평하고, 그같은 '제네바의 시뮬라크르'가 반복될까 '두렵다'고 했다. 그의 후속 기고문에는 '싸움에 임하는 우리가 기본적으로 품은 정신을 정의'하고 '우리가 맞서는 몽매주의적이고 전체주의적인 독재 정권에 짓눌린 모든 감응하는 영혼들에게 강력히 호소'하기 위한 권리 선언문이 첨부되었다. 달리 말해 웰스는 그런 권리가 보편적 호소력을 지니고 전쟁에 의미를 부여한다고 보았다. 이 선언문을 보완해 만든 「세계 인권 선언

World Declaration of the Rights of Man」은 48개국 300여 명의 언론인들에게 배포되어 전 세계의 이목을 끌었다. 거기에 포함된 10개 항은 비차별, 자연자원, 건강, 교육, 유급 고용, 그리고 사유재산을 처분할 권리, 세계 어디로든 자유로이 이동할 권리, 기소 전 6일 이상의 구속 금지 및 기소 후 3개월 이내 공판 진행, 개인 정보를 담은 공공 기록물의 열람, 나아가 절단 · 불임화 · 고문 · 기타 신체형에 대한 금지를 다루었다.

이 선언문은 1940년 펭귄 출판사 특별판으로 널리 보급된 웰스의 『인간의 권리: 우리는 무엇을 위해 싸우는가?The Rights of Man: Or What Are We Fighting For?』에 포함되었다(그림 3). 프랑스 인권단체인 인권연맹(Ligue des Droits de l'homme)이 작성한 「프랑스 인권선언 증보Complément à la Déclaration des Droits de l'homme」(1936) 등 다른 권리 선언문들도 함께 실렸다.

웰스는 반역자나 외국인이 가하는 위협에 비추어 과도한 규제가 도입되고 있다는 점에도 우려를 표했다(상자 10). 흥미롭게도 이러한 우려는 테러리스트나 난민을 둘러싼 오늘날의 논의에서 시사하는 바가 매우 크다 하겠다. 그는 『인간의 권리』를 개정하여 펴낸 『세계 시민의 권리Rights of the World Citizen』(1942)를 마무리하며 다음과 같이 호소한다.

이들 권리는 모든 인간의 권리다. 당신이 누구든 이것들은 당신

3. H. G. 웰스의 『인간의 권리』 표지. 연합군은 웰스의 권리 선언문을 적진에 공중투하했다. 웰스의 선언문은 널리 보급되었고, 유럽어뿐 아니라 중국어, 일본어, 아랍어, 우르두어, 힌디어, 벵골어, 구자라트어, 하우사어, 스와힐리어, 요루바어, 줄루어, 에스페란토로도 번역되었다.

상자 10 H. G. 웰스, 『인간의 권리: 우리는 무엇을 위해 싸우는가?』

……그동안 뒤엉켜 쏟아진 방대한 비상 법령, 규제, 장벽, 제한들은 현상황의 요구에 비해 과도하며, 그러한 요구를 놓치거나 왜곡하는 경우도 많다. 인류의 문명을 복원하고 현대화하기 위해서는, 동료 시민들이나 우리와 함께 살아가는 이방인들을 반역자나 과격분자로 의심할 만하다는 이유만으로 과도하게 법의 보호 밖으로 내모는 행위를 제어하고 인권 체제에 부합하도록 바로잡아야 한다.

것이다. 당신의 통치자와 정치인들에게 이 선언의 조인과 준수를 요구하라. 만약 그들이 거부한다면, 트집을 부리며 회피한다면, 인류에게 동터오는 새로운 자유세계에 그들이 설 자리는 없을 것이다.

2차대전의 참상은 현대 인권 운동의 발달에 일정한 맥락을 제공했다. 웰스는 다양한 사람들과 함께, 가장 중요하게는 참전을 요구받던 이들과 함께 그의 선언문을 논의했다. 그들의 관심은 그저 '무력 충돌 상황을 끝내는 것'이 아니었다. 그보다 더 중요하게, '그들은 나치의 극악한 인간 존엄성 유린에서 깊은 충격을 받았다'.

이와 (꼭 직접적으로는 아니더라도) 관련된 조치로, 미국의 프랭클린 루스벨트(Franklin Roosevelt) 대통령은 그의 유명한 1941년도 연두 교서에서 표현의 자유, 종교의 자유, 결핍으로부터의 자유, 공포로부터의 자유를 인간의 4대 기본 자유로 선언했다. 그는 또 이 연설에서 '자유란 인권이 어디서나 가장 높아지는 것'이라고 설명했다. 같은 해 루스벨트 대통령과 처칠 수상은 오늘날 '대서양헌장(Atlantic Charter)'으로 불리는 공동선언문을 발표하고 그들의 전후 세계 구상을 제시했다. 다음은 공동 선언문의 일부다.

> 나치 독재의 완전한 파멸 후에는, 모든 나라가 그 영토 안에서 안전한 거주를 누리게 해줄 평화, 모든 나라 모든 사람이 공포와 결핍에서 벗어난 삶을 누리게 해줄 평화가 확립되기를 바란다.

뒤이은 1942년 1월 1일, 이번에는 26개 연합국 대표가 연합국공동선언(Declaration by United Nations)에 서명했다. 그들은 대서양헌장의 취지와 원칙을 지지하면서 다음과 같이 밝혔다.

> 우리는 적에 대한 완전한 승리가 각자의 나라와 그 밖의 나라에서 생명, 〔시민적〕 자유, 독립, 종교적 자유를 수호하고 인권과 정의를 보전하는 데 필수적임을 확신하며, 또한 우리가 세계를 정

복하려는 야만적이고 잔학한 세력에 맞서 공동의 투쟁에 함께하고 있음을 확신한다.

추축국과 맞서 싸운 연합국 외에 추가로 21개국이 1945년 8월까지 이 선언문에 서명했다. 결국 이들을 중심으로 유엔의 51개 초대 회원국이 구성되었다. 1945년에 채택된 유엔 헌장(UN Charter)은 인권 존중의 증진을 유엔의 사명으로 규정하며, 회원국에는 인권의 보편적 존중과 준수를 장려하기 위해 유엔과 협력할 의무를 부과한다. 그러나 법적 구속력을 갖춘 인권 장전을 추가하려던 노력은 수포로 돌아갔다. 당장의 관심은 국제범죄의 처벌에 있었다.

국제범죄에 대한 기소

2차대전 종전 후 승전국은 '유럽과 극동 추축국의 중대 전범'을 재판할 국제군사재판소를 각각 뉘른베르크와 도쿄에 설치했다. 전범들은 평화에 반한 죄(혹은 침략범죄), 전쟁범죄, 그리고 (침략범죄나 전쟁범죄와 연계된) 인도에 반한 죄로 기소되어 재판을 받았다. 뉘른베르크 재판소는 피고인 12명에게 사형, 5명에게 장기 수감을 선고했고, 도쿄 재판소는 7명에게 사형, 16명에게 종신형을 선고했다. 어느 면에서 이들 재판은 연합국이 파시스트들보다 우월함을 과시하기 위한 것이었고 교육적인 목적을 띠었다. 하지만 다른 식의 해석도 가능하다. 그 하나는, 재판이 승자의 정의를 대변했다는 것이다—연합국이 저질렀을 전쟁범죄는 다루어지지 않았고, 평화에 반한 죄나 인도에 반한 죄는 법적 근거가 다소 불분명해 보였다.

또다른 관점에서 보자면, 뉘른베르크의 판결은 국제법과 그것이 개인에게 미치는 영향에 대한 새로운 인식을 촉발했다. 당시 피고인들은 전쟁과 관련된 국제법을 위반한 것으로 여겨졌는데, 이 법은 〔어떤 명문화된 체계라기보다는〕 군사 재판에서 적용되는 일반적 정의의 원칙들에서 조합할 수 있는 성격의 것이었다. 뉘른베르크 재판소는 '이 법은 고정적이지 않으며, 지속적인 진화를 통해 변화하는 세계의 요구에 부응해간다'고 선언했다. 또한 재판소는 이 법이 국가의 의무만을 규정하지 않으며, 개인은 전통적인 국가 면제〔국가는 다른 국가의 영토에서 그곳 법으로 재판받지 않는다는 면책 특권 개념〕 뒤에 숨을 수 없다고 못박았다. "국제법 위반은 어떤 추상적 존재가 아닌 사람이 짓는 죄이며, 그런 죄를 저지른 개인을 처벌해야만 국제법의 규정이 집행될 수 있다." 이와 더불어, '인도에 반한 죄(crimes against humanity)'가 범죄의 한 범주로 확립됨에 따라, 개인들에 대해 국제적인 의무가 발생하는 이유는 그들의 국적국이 외국에서도 그들을 보호하거나 혹은 특정 소수족 조약이 그들을 보호해서가 아니라, 그들이 인간으로서 지닌 가치 때문이라는 생각이 비로소 단단해졌다.

일부 학자는 '인도에 반한 죄'라는 표현의 기원을 1890년으로 올려잡는다. 아프리카계 미국인 목사로 오하이오주 의원을 지낸 조지 워싱턴 윌리엄스(George Washington Williams)가 벨기에 왕 레오폴트(Leopold) 2세 치하의 콩고 자유국과 관련해 미 국무장관에게 보낸 항의 서한에 이 표현이 등장한다(그림 4). "콩고 자유국은 그 어떤 의미에서건 장관의 신의와 지지를 받을 자격이 없습니다. 콩고는 왕성하게 노예무역에 가담하고 있으며, 인도에 반하는 많은 죄를 짓고 있습니다(당시 수많은 콩고인이 고무 추출을 위한 혹독한 노동에 강제 동원되어 죽거나 다쳤다)."

그후 1915년, 프랑스와 영국, 러시아가 아르메니아인 대학살과 관련해 공동성명을 발표했다(1차대전 기간과 종전 후 몇 년간, 오스만 제국은 그리스도교계 소수족인 아르메니아인, 그리스인, 아시리아인에 대한 대대적이고 조직적인 학살을 저질렀다). 그 무렵 오간 외교 서한들에 따르면, 본래 러시아가 작성했던 초안에는 '그리스도교와 문명에 반한 죄'라는 문구가 들어가 있었다. 하지만 프랑스는 이에 대해 우려를 나타냈다. 프랑스와 영국 치하의 무슬림들에게 두 강대국이 그리스도교도가 위험에 처해야만 행동에 나선다는 인상을 주지 않도록 조심해야 한

4. 미국의 목사, 변호사, 역사가였던 조지 워싱턴 윌리엄스는 1890년 공개서한을 통해 레오폴트 치하 콩고 자유국의 실상을 폭로했다.

다는 것이었다. 영국도 해당 문구를 생략하는 데 동의했다. 그러나 아르메니아 혁명연맹(Dashnaktsutyun/ARF: 러시아 제국령 티플리스에서 아르메니아 민족주의자들이 세운 정당)으로부터 '인도적 견지에서' 관련 정부 각료들에게 개인적 책임을 물어 달라는 청원을 받았던 러시아 제국 외무부는, 해당 문구 전체를 덜어내기보다는 '그리스도교'를 '인도(humanity)'로 대체할 것을 제안했고, 나머지 두 나라를 설득하는 데 성공했다. 최종 선언문에서 연합국 정부는 대학살이 일어난 장소를 구체적으로 열거한 후 '터키가 인도와 문명에 반하여 저지른 전례 없는 범죄'를 고려하여 '대학살에 연루된' 모든 사람에게 '개인적 책임을 물을 것'이라고 밝혔다. 1920년 오스만 제국은 대학살의 책임자로 지목된 이들을 연합국에 넘기겠다고 약속했지만, 이 내용이 담긴 조약은 끝내 발효되지 못했고, 1923년 평화조약으로 그들은 사면되었다.

1945년 뉘른베르크 헌장(Nuremberg Charter)에서 인도에 반한 죄가 도입된 것은, 독일이 **독일 국적의** 사람들을 강제 수용소로 보내 학대하고 학살한 행위를 처벌하기 위함이었다. 당시 국제법에서 자국민에 대한 정부의 처우는 (그것이 얼마나 극악하건) 국제사회가 간여할 대상이 아니라 온전히 국가 관할권에 속한 문제로 간주되었다. 인도에 반한 죄는 그러한 잔학 행위에 대해서도 국제 기소가 가능해지도록 하고자 도입된 개념이었다. 그러나 연합국은 전쟁과 관련해 발생한 행위만 인도에 반한 죄로 인정되도록 주의를 기울였다. 그 개념이 쉬이 확장되는 것을 제한함으로써, 식민지 주민이나 미국 원주민을 학대한 자국민이 기소되지 않도록 방지하기 위함이었다. 인도에 반한 죄가 인권과 별개로 보일 수도 있겠지만, 오늘날 이 문제는 (제노사이드 및 인종 청소와 함께) 여러 인권 단체의 활동이 집중되면서 주목을 받고 있다. 이제는 인도에 반한 죄를 입증하기 위해 무력 충돌과의 연관성을 보일 필요는 없다.

포기를 모르는 폴란드 출신의 유대인 변호사 라파엘 렘킨(Raphael Lemkin)은 1915년 아르메니아인과 1933년 〔이라크 왕국에서 그리스도교계 소수족인〕 아시리아인에게 일어난 비극을 계기로 대학살 방지에 헌신하게 된 인물이다. 1933년 형법 일원화를 주제로 마드리드에서 열린 회의에서, 그는 국제법으로 규율할 새로운 범법 행위 몇 가지를 제안했다. 잔학 행위, 공공 기물 파손, 그리고 국제 교신의 교란이나 〔생물학적〕 감염으로 재난을 일으키는 행위가 그것이었다. 렘킨은 국제사회를 위협하는 현상들에 대한 불안과 개인의 권리에 대한 관심을 연결하고자 했다. 그는 국제사회에서 보편적으로 적용될 죄목을 설정함으로써 그런 범죄를 억제할 수 있으리라 보았다(상자 11).

상자 11 라파엘 렘킨이 1933년 마드리드 회의에 제출한 보고서

본 보고서의 작성자는 두 가지 새로운 범죄, 즉 잔학 행위(barbarity)와 공공 기물 파손(vandalism)을 각국 형법에 도입할 것을 제안하며, 이러한 범죄를 저지른 자의 국적이나 범행이 일어난 나라에 관계없이, 범죄자가 체포된 나라에서 해당 범죄에 대한 재판이 이루어지도록 할 것을 제안한다. 문안은 다음과 같다.

제1조. 특정 인종, 종교, 또는 사회 집단에 대한 혐오로 인하여 혹은 그 집단을 말살할 목적으로 그 집단에 속한 개인의 생명, 신체의 온전함, 자유, 존엄성, 경제적 존속을 해치는 위법한 행위를 가한 자는 누구나 잔학 행위죄로 처벌할 수 있다. (…) 그러한 집단에 연대를 표명하거나 우호적으로 개입한 사람에게 그같은 행위를 가한 자도 동일한 처벌을 받는다.

제2조. 특정 인종, 종교, 또는 사회 집단에 대한 혐오로 인하여 혹은 그 집단을 말살할 목적으로 그 집단의 문화 예술 작품을 파괴하는 자는 누구나 공공 기물 파손죄로 처벌할 수 있다. (…)

잔학 행위에 대처하기 위한 그의 제안은 전혀 지지를 받지 못했고, 실망한 렘킨은 그의 우려를 압축적으로 드러내면서 이목을 집중시킬 만한 새로운 단어를 고안하기로 결심한다. 여러 언어(14개라는 설이 있다)에 능통했던 그는 '제노사이드genocide'('genos'는 종족이나 인종을 뜻하는 그리스어에서 왔고,

'cedere'는 '살해하다'를 뜻하는 라틴어 동사다)라는 단어를 만들었다. 뉘른베르크 재판에서 이 범죄가 인정되도록 하는 데 실패하자, 이번에는 제노사이드에 관한 새로운 국제 문서를 채택하도록 유엔 회원국을 설득하는 작업에 나선다.

유엔 총회는 1948년 12월 9일, 「제노사이드의 방지와 처벌에 관한 협약Convention on the Prevention and Punishment of the Crime of Genocide」을 채택했다. 이 협약은 제노사이드가 평시에 행해졌든 전시에 행해졌든 불문하고 국제법상의 범죄임을 선언한다. 협약에서 제노사이드는 어떤 민족이나 종족, 인종, 종교 집단을 전부 또는 일부 파괴할 의도로 행해진 다음 행위 중 하나로 정의된다. 즉, 집단 구성원을 살해하는 것, 집단 구성원에게 중대한 신체적 또는 정신적 손해를 입히는 것, 집단 전체나 일부의 물리적 파멸을 초래하도록 계산된 생활 조건을 고의로 부과하는 것, 집단 내 출생을 막도록 의도된 조치를 부과하는 것, 그리고 한 집단의 아동을 강제로 타 집단으로 이주시키는 것이다.

중요한 점은, 이러한 행위를 저지른 개인이 '헌법상의 책임 있는 통치자건, 관료건, 민간인이건 관계없이' 처벌이 가능해진 것이었다. 이 협약은 훗날 유엔 안전보장이사회가 옛 유고슬라비아 지역과 르완다에서 발생한 범죄를 다루기 위해 설치한 두 특별 국제형사재판소의 활동(각각 1993~2017년,

상자 12 옛 유고슬라비아 국제형사재판소의 크르스티치 사건 판결

보스니아세르비아군은 보스니아 내 무슬림 일부를 제거하려는 의도를 가지고 있었으므로, 그들의 행위는 제노사이드에 해당한다. 그들은 보스니아 무슬림 전체의 상징과 같았던, 스레브레니차에 거주하던 4만 무슬림 주민의 절멸을 목표로 삼았다. 군인과 민간인, 노인과 어린이를 막론하고 포로로 잡힌 모든 무슬림 남성의 소지품과 신분증을 압수한 후, 계획적이고 조직적인 방법으로 오로지 〔민족적·종교적〕 정체성에 근거해 그들을 살해했다. 이 작전에 돌입할 때 보스니아세르비아군은 자신들의 행위가 보스니아의 무슬림 사회에 항구적 재앙이 되리라는 것을 인지하고 있었다. 이에 본 항소 재판부는, 법이 그처럼 깊고 지속적인 상처를 입히는 행위를 적합한 언어로 단죄하고 있는바, 스레브레니차 대학살을 그에 합당한 용어인 제노사이드로 규정함을 명확히 밝힌다. 이 사건의 책임자에게는 제노사이드 범죄자라는 낙인이 찍힐 것이며, 이는 향후 그런 극악한 행위를 꾀하는 자들에게 경고가 될 것이다.

1994~2015년〕에서 필수적인 것이었다.

장 캄반다(Jean Kambanda) 전 르완다 총리는 제노사이드와 인도에 반한 죄로 종신형을 선고받았다. 보스니아세르비아군 〔옛 유고슬라비아 지역의 보스니아-헤르체코비나 공화국에서 벌어진 내전에서 세르비아계가 조직한 군대〕의 드리나 군단 사령관을

5. 라디슬라브 크르스티치. 보스니아세르비아군 드리나 군단 사령관 시절(왼쪽)과 나중에 제노사이드로 기소된 모습.

지낸 라디슬라브 크르스티치(Radislav Krstić, 그림 5)는 휘하 병력이 스레브레니차(Srebrenica)에서 벌어진 8천여 명의 학살 사태에 동원되도록 함으로써 제노사이드를 방조한 죄로 35년 형을 선고받았다(상자 12).

2002년에 설립된 국제형사재판소(ICC)는 제노사이드와 전쟁범죄뿐 아니라 매우 다양한 항목으로 구성된 인도에 반한 죄에 대해서도 개인에 대하여 관할권을 행사한다(상자 13). 2017년부터는 침략범죄에 대한 관할권이 발동되었다.

그 이전의 재판소(tribunals)들이 모두 특정한 분쟁 사태를 다루기 위해 설치되었고 특히 뉘른베르크와 도쿄 재판소의 경우 오직 패전한 적국의 지휘부를 재판하기 위해 설치되었던 것과 달리, 국제형사재판소는 「국제형사재판소에 관한 로마 규정Rome Statute of the International Criminal Court」에 기속되기로 동의한 나라의 국적을 가진 모든 개인과 그런 나라에서 위와 같은 국제범죄를 저지른 모든 개인을 재판할 수 있다. 현재 로마 규정이 발효된 국가는 아프가니스탄, 오스트레일리아, 방글라데시, 부룬디, 캐나다, 칠레, 콜롬비아, 콩고 민주공화국, 프랑스, 독일, 이탈리아, 일본, 요르단, 케냐, 라이베리아, 나이지리아, 팔레스타인, 페루, 세네갈, 시에라리온, 튀니지, 우간다, 영국을 포함해 120곳이 넘는다. 또한 유엔 안전보장이사회가 국제 평화와 안전에 위협이 되는 상황이 발생했

상자 13 「국제형사재판소에 관한 로마 규정」, 제7조 인도에 반한 죄

1. 본 규정의 목적상 '인도에 반한 죄'라 함은, 민간인에 대한 광범위하거나 조직적인 공격의 일환으로서 그 공격에 대한 인식을 가지고 저지른 다음 행위를 말한다.

가. 살해

나. 절멸

다. 노예화

라. 추방 또는 강제 이주

마. 국제법의 기본 원칙을 위반한, 구금 등 신체적 자유의 심각한 박탈 행위

바. 고문

사. 강간, 성노예화, 성매매 강요, 강제 임신, 강제 불임 시술, 또는 이에 상당하는 기타 중대한 성폭력

아. 정치, 인종, 민족, 종족, 문화, 종교, 성별 또는 국제법상 허용되지 않는 것으로 보편적으로 인정되는 다른 사유에 근거하여 어떤 식별 가능한 집단이나 집합체를 박해하는 행위로서 본 1항에 규정된 행위나 본 재판소가 관할하는 기타 모든 범죄와 연관된 행위

자. 강제 실종

차. 아파르트헤이트 범죄

카. 신체 또는 정신적·육체적 건강에 중대한 고통이나 심각한 피해를 고의로 야기하는, 유사한 성격의 다른 비인도적 행위

다고 판단하는 경우에는 〔해당 국가의 기속 여부와 관계없이〕 국제형사재판소 소추부에 사건을 맡겨 수사와 (궁극적으로는) 기소가 이루어지게 할 수 있다. 2005년에는 수단 다르푸르 사태, 2011년에는 리비아 내전에 대한 수사가 그렇게 해서 시작되었다.

국제형사재판소의 첫 유죄 판결은 2012년 토마 루방가 디일로(Thomas Lubanga Dyilo, 반군인 콩고 해방애국군Forces Patriotiques pour la libération du Congo을 지휘)에게 내려졌다. 그는 15세 이하의 아동을 모집하거나 징집해 적대행위에 적극적으로 가담케 한 죄로 14년 형을 선고받았다(그림 6). 두번째 유죄 판결은 제르맹 카탕가(Germain Katanga)에게 내려졌다. 그는 2003년 2월 24일 콩고 이투리 지역의 보고로(Bogoro) 마을을 공격하면서 저지른 인도에 반한 죄 1개 항목(살해)과 전쟁범죄 4개 항목(살해, 민간인에 대한 공격, 재산의 파괴, 약탈)으로 12년 형을 선고받았다.

이 글을 집필중인 현재, 국제형사재판소 소추부는 우간다, 콩고 민주공화국, 중앙 아프리카 공화국, 케냐, 리비아, 코트디부아르, 말리의 상황을 조사중이다. 또한 온두라스, 우크라이나, 이라크, 팔레스타인 영토에서 발생한 국제범죄 혐의에 대해 예비 조사를 진행중이며, 아프가니스탄, 조지아, 기니, 콜롬비아, 나이지리아에 대해서는 각국 내에서 제대로 된 법적 절

6. 콩고 민주공화국의 소년병.

차가 진행되었는지를 조사하고 있다(2019년 2월 기준 정식 조사 대상에는 수단(다르푸르), 조지아, 부룬디가 추가되었고, 예비 조사 대상에는 필리핀, 방글라데시/미얀마, 베네수엘라가 추가되었다).

국제형사재판소를 비판하는 목소리도 없지 않다. 재판소가 우간다 반군인 신의 저항군(Lord's Resistance Army) 지도부에 체포 영장을 발부했다는 소식이 매체를 통해 널리 알려졌을 때, 일각에서는 재판소의 존재가 오히려 평화 협상에 방해가 되고, 추가 폭력을 초래하며, 잠재적 증인들을 용인할 수 없는 위험에 노출시킨다는 주장이 제기되었다. 더욱이 해당 공동체가 자체적인 과거사 청산 작업에 집중하기가 어려워지고, 국민에게 신뢰받는 국내 법체계의 발달이 지연된다는 비판도 있다. 마지막으로, 재판소의 활동이 아프리카에 편중돼 있고 판결에 이르는 속도가 느리다는 점도 지적된다. 이 모든 비판은 숙고할 가치가 있다. 그러나 국제형사재판소가 세계에서 가장 흉악한 국제범죄자를 모두 잡아들일 수 있으리라 기대할 수는 없다. 분명 재판소는 악랄한 인권 침해의 확산을 막아내기에 역부족이다. 현실적으로 향후 몇 년간 그저 소수의 사람만이 재판을 받을 것이다. 그럼에도 우리는 어딘가에서 어떤 사람들이 인권 침해를 단념하기를 바라는 수밖에 없다. 중요한 점은, 이제 누구든 국제형사재판소 앞에 피고인으로 설 수 있다는 사실을 모든 사람이 알게 되었다는 것이다. 자국이나 타국의 국가 법원에 기소될 가능성이 상당히 커졌다는 점도 이에 못지않게 중요하다.

렘킨의 생각은 시대를 앞서갔는지 모른다. 그러나 오늘날의 인권 보호 전문가들 사이에서는 인권에 대한 위협을 국제범죄로 규정한다는 생각이 지배적이다. 국제적인 인권 조사 활동이나 관련 보도 자료에서 초점은 (잠재적인) 국제범죄 행위에 맞추어져 있다. 2004년에서 2014년 사이에 임명된 유엔 인권고등판무관(High Commissioner for Human Rights) 3명은 모두 국제 형사 재판의 세계를 경험한 인물이었다. 주요 비정부 기구는 국제 사법 혹은 국제범죄와 관련된 활동을 벌이고 있다. 2014년에 아프리카 국가들 사이에서는 신설된 아프리카 사법인권재판소(African Court of Justice and Human Rights)에 형사 재판부를 추가하려는 움직임이 있었다. 국제 형사 기소는 점차 불의에 대한 당연한 대응으로 인식되고 있다. 게리 심프슨(Gerry Simpson)이 강조하듯이, 이제 (2003년 이라크 침공 같은) 타국에 대한 군사적 개입에 반대하는 이들은 그런 조치의 합법성과 범죄성, 국제 기소 가능성 같은 것들을 따져묻는다. 과거의 비판자들은 그런 군사적 감행을 그저 '잘못'이라 일컫곤 했다.

세계인권선언

국제범죄에 대한 기소 문제는 이 정도로 정리하고, 다시 2차 대전이 끝난 무렵으로 돌아가보자. 유엔의 창설과 함께, 인권 보호에 대해 전례 없이 뜨거운 국제적 관심이 모아지기 시작했다. 인권 보호와 증진을 위한 핵심적인 국제법 문서들이 유엔의 후원으로 마련되었다. 제노사이드 협약이 채택된 다음 날, 유엔 총회는 '모든 국민과 모든 국가가 도달해야 할 공통의 기준으로' 세계인권선언을 공표했다(전문은 부록 참고). 인권의 철학적 기원을 엄밀히 확정하려던 포부는 이미 사라진 터라, 선언문 채택을 앞두고 외교관들이 벌인 논쟁은 주로 공산권과 서구의 반목에서 비롯되었다. 소련측 대표는 사회적 · 경제적 권리가 더 잘 이행되기를 바라면서도, 선언문이 〔특히 시민적 · 정치적 권리 분야에서〕 국권 문제에 개입할 빌미가 되지는 않을지 우려했다. 공산 국가들의 다른 불만은, 민주제를 악용한 파시즘의 귀환을 막아낼 수단이 마련되지 못했다는 점이었다. 할 수만 있다면 그들은 파시스트에게는 표현의 자유가 허용되지 않음을 명문화했을 것이다. 선언문이 작성된 과정에 관한 메리 앤 글렌던(Mary Anne Glendon)의 흥미로운 역사서에는, 나라를 떠날 권리가 선언문에 포함되는 것을 막고 권리를 국법이 허용하는 내용으로 규정하고자 했던 소련의 노력과 실패가 강조되었다.

상자 14 ´국가 원수와 정부 수반이 채택한 2005년 유엔 「세계 정상 회의 결과World Summit Outcome」

우리는 모든 인권 및 모든 사람의 기본적 자유가 유엔 헌장, 세계인권선언, 그리고 그 밖의 인권 및 국제법 관련 문서에 따라 보편적으로 존중, 준수, 보호되도록 하고자 주어진 의무를 다한다는 우리 국가들의 엄숙한 다짐을 재확인한다. 이러한 권리와 자유의 보편성에는 의문의 여지가 없다.

세계인권선언의 의의를 되짚어보자면, 인권 철학을 전파하는 차원에서나 법조문과 판결에 영감을 불어넣는 차원에서나 그동안의 엄청난 영향력을 인정하지 않을 수 없다. 선언문은 300개 이상의 언어로 번역되어, 권리의 존중과 보호를 요구하는 전 세계 많은 국민과 개인의 주장을 뒷받침했다. 몇몇 헌법에는 선언문을 기초로 한 권리 조항이 포함되었고, 각국 법원과 국제 법원들은 선언문에 근거해 판결을 내려왔다. 유엔 회원국들은 자국의 인권 의무를 '의문의 여지 없이' 받아들인다

보편성

인권은 이제 정말 보편적인 것인가? 아프리카와 아시아 지역의 정부들도 세계인권선언을 받아들이고 다양한 인권 조약

들을 체결하고 비준한 것은 사실이다. 그러나 그런 형식화된 선언이나 조약은, 인권이란 무엇이고 인권 의무의 목록에 어떤 새로운 항목이 추가되어야 하는지에 대해 각 문화권이 가지는 인식의 차이를 담아내지 못하며, 이는 지금의 인권 기준에 문화적 정당성이 결여돼 있다는 감각으로 이어진다. 압둘라히 안나임(Abdullahi An-Na'im) 같은 학자는, 각 지역에서 수용되는 인권 규범을 기반으로 하되 그것을 더욱 발전시키는 방식의 비교문화적 비평을 통해 이 문제를 해소할 수 있다고 주장한다. "기본적인 인권과 관련하여, 나는 보편적인 문화적 정당성이 반드시 필요할 뿐 아니라, 각 문화권의 규범에 대한 분별 있는 해석을 통하여 그런 정당성을 사후적으로 갖추어가는 것도 가능하다고 믿는다." 관건은 이같은 생각이 폭넓은 공감을 얻도록 할 방법을 찾는 것이다.

타인의 존엄성을 존중할 의무가 보편적으로 수용되게 하려는 노력이 진행되고는 있지만, 여전히 각국 정부는 몇몇 기본적인 문제에서 입장이 나뉜다. 어떤 정부는 〔국가, 민족 등을 구성하는 한 집단으로서의〕 인민의 '집합적 권리' 혹은 '집단권'을 인권에 포함시키자는 요구에 반대한다. 이 반대는 인권이 무엇이어야 하는가에 관한 특정 관념에 기인한다—이를테면 어떤 이들은 개인과 국가 사이에 존재하는 가상의 사회 계약을 출발점으로 삼아 거기서 인권을 도출한다. 또한 인민에게 그런 집합적 인권을 인정해주면 이내 그들만의 국가를 세울 권리마저 주장하리라는 두려움도 작용한다(가령 민족 자결권은 반제국주의, 탈식민화의 시대였던 1960~70년대에 크게 주목받았지만, 그 시기에 독립을 쟁취한 국가들도 오늘날 자국 내 소수 민족의 분리 독립 요구는 용인하지 않는다). 이와 유사하게, 오늘날 경제적 · 사회적 · 문화적 권리에 관한 논의는 주거권, 건강권, 교육권 등을 사법적으로 강제할 수 있는 권리로 볼 수 없다는 사람들로 인해 제자리걸음을 하고 있다. 그들이 보기에 그 '소위' 권리들은 개인의 열망, 공공 정책의 목표, 혹은 그저 사회주의적 수사로 보는 편이 옳다. 그러나 오늘날 그런 권리들은 엄연히 국제 조약에 명시돼 있고, 시민적 · 정치적 권리와 마찬가지로 국제적인 감독 및 진정 기제를 통해 보호받는다. 제7장에서 그런 관련된 몇 가지 예를 살펴보겠다.

이렇게 겉으로는 인권의 메시지가 보편적으로 수용되는 듯이 보이지만, 각국 정부는 여전히 인권의 구성 항목과 이행 방법에서 차이를 보인다. 개별 국가 수준의 집행 과정을 떠올려보자. 권리가 실효적이려면, 즉 권리 침해가 발생했을 때 피해자를 구제할 유의미한 수단이 갖추어지려면, 우선 국제 인권법을 개별 국가의 법질서 안으로 '번역'해 들여야 한다. 당연하지만 이 과정은 절대로 완벽할 수가 없고, 많은 권리가 도중에 '소실'되고 만다.

이뿐이 아니다. 추상적인 선포의 단계를 지나 구체적인 이행 및 책임의 문제로 들어가면서, 우리는 권리가 반드시 해당 국가의 문화적 · 경제적 맥락에 부합하는 방식으로 이행되어야 한다는 반응과 맞닥뜨린다. 때로는 이 점에 근거해 인권의 보편성에 대한 신뢰가 무너지기도 한다. 하지만 인권이 지역적 맥락으로부터 동떨어진 채로 작동할 수 있거나 그래야 한다는 생각은(즉, 그런 의미에서의 '보편성'은) 착각이다. 심지어 생명권처럼 어디서나 보편적으로 인정되는 권리의 적용에 대해서도 나라마다 상이한 해석이 나올 수 있다. 냉동 배아의 부모가 결별한 후 일어난 분쟁에서, 유럽 인권재판소는 이렇게 판단했다.

> 생명이 시작되는 시점에 관해 유럽 전체가 합의한 과학적 · 법적 정의가 없는 상황에서, 생명권이 어느 시점에 발생하느냐의 문제는, 본 재판소가 일반적으로 생명권의 존중과 관련하여 각국에 허용되어야 한다고 보는 재량적 범위(margin of appreciation)에 속한다.

재판관들은 또다른 쟁점, 즉 배아의 폐기가 사적 생활(에 대한 자신의 결정)을 존중받을 어머니의 권리를 침해하느냐를 두고도 의견이 갈렸다. 그들은 이 문제 역시 인권의 대원칙에서 오는 사법적 영감에 따라 처결할 것이 아니라 각국 입법 기관의 재량에 맡길 일이라고 보았다. 유럽 각국에서는 아버지가 배아의 자궁 이식에 대한 동의를 철회하는 경우 그에 대해 저마다 다른 무게를 부여해왔다. 이렇게 '국가 간 합의'나 '공통된 인식'이 없다는 사실에 비추어, 유럽 인권재판소는 문제가 된 (배아 이식 전 아버지의 동의를 요구하는 영국의) 법령이 「유럽인권협약」에 의해 개별 국가와 그 입법부에 허용되는 재량적 범위를 넘어서지 않는다고 판단했다. 한마디로 인권법은 그 시행에 있어 문화와 나라마다 다양한 접근법을 허용한다. 물론 이와 동시에, 모든 권리에는 저마다 어떤 핵심적인 내용이 있고 그에 대한 침해는 보편적으로 처벌의 대상이 된다는 인식도 존재한다. 분명 인도에 반한 죄와 제노사이드는 이제 장소와 시간을 불문하고 금지된다. 고문, 노예제, 강제 노역과 관련된 권리들 역시 각 지역의 상황을 감안하더라도 양보할 수 없는 핵심적 내용을 담고 있다. 하지만 표현의 자유, 사생활, 사법 절차에의 접근, 식량, 물, 건강, 주거, 교육에 대한 권리들의 경우, 경합하는 이익들의 경중을 따져야 하기에 문제가 더 복잡해짐이 드러날 것이다.

두 가지 국제 규약

세계인권선언 채택 후, 유엔 인권위원회는 법적 구속력을 갖춘 조약 형태의 문서와 더불어 그 이행을 보장할 장치를 마련하는 작업에 착수했다. 구속력 있는 다자간 인권 조약으로써 선언을 보완할 필요가 있다고 판단했기 때문이다. 모든 종류의 권리를 하나의 조약에 담는 데는 정치적 이유로 인해 합의가 이루어지지 못했으므로, 총회는 위원회에 두 가지의 규약을 별도로 작성하도록 요청했다. 하나는 '시민적 · 정치적' 권리에 관한 것이었고, 다른 하나는 '경제적 · 사회적 · 문화적' 권리에 관한 것이었다. 1966년 12월 16일, 총회는 「경제적 · 사회적 · 문화적 권리에 관한 국제 규약International Covenant on Economic, Social and Cultural Rights」과 「시민적 · 정치적 권리에 관한 국제 규약International Covenant on Civil and Political Rights」을 채택했다. 두 규약은 1976년에 발효되었다.

「경제적 · 사회적 · 문화적 권리 규약」은 교육, 식량, 주거, 보건 분야의 인권과 함께, 일할 권리 및 정당하고 양호한 노동조건에의 권리를 포괄한다. 규약의 당사국은 규약의 권리들을 자국의 가용 자원이 허용하는 최대한도까지 점진적으로 실현하기 위해 필요한 조치들을 취하기로 동의한다. 처음부터 각국의 의무 한도가 저마다의 상황에 따라 결정되도록 용인되었다.

「시민적 · 정치적 권리 규약」은 생명, 자유, 공정한 재판, 이주의 자유, 사상, 양심, 평화적 집회, 가정, 사생활에 관한 권리를 보호한다. 또한 노예제, 고문, 잔혹하거나 비인도적이거나 굴욕적인 대우 및 처벌, 차별, 자의적 체포, 채무를 이유로 한 감금을 금지한다.

두 규약의 제1조는 동일하다.

> 모든 인민은 자결권을 가진다. 이 권리에 기초하여 모든 인민은 그들의 정치적 지위를 자유로이 결정하고, 또한 그들의 경제적 · 사회적 · 문화적 발전을 자유로이 추구한다.

유엔의 이 두 규약과 세계인권선언을 통틀어 '국제인권장전International Bill of Human Rights'이라 부르기도 한다. 각 규약에는 선택의정서(Optional Protocol)가 딸려 있는데, 이 의정서는 개인이 해당 유엔 감시위원회(monitoring committee)에 국가의 규약 위반을 고발할 수 있도록 한다. 시민적 · 정치적 권리에 관한 이런 절차를 수용한 나라는 115개국〔2019년 2월 기준 116개국〕이며(의정서는 규약과 함께 1966년에 채택되었다), 경제적 · 사회적 · 문화적 권리에 관해서는 20개국〔2019년 2월 기준 24개국〕이다(해당 의정서는 2008년에야 채택되었다).

1950년대에는 강대국들 사이의 이념적 · 정치적 투쟁이 국제 인권 의제를 지배했고, 종전 직후 세계인권선언 채택을 뒷받침했던 초기의 동력은 눈에 띄게 약화되었다. 그러나 1960년대 초에 인권은 유엔에서 다시 한번 추진력을 얻었는데, 주된 원인은 탈식민화였다. 유엔 창립 당시 식민 지배하에 있던 아프리카, 아시아 국가 대부분이 독립을 쟁취하고 있었다. 식민지 시대의 경험으로 인해, 이들 국가는 대개 인권 문제에 대한 관심이 각별했다. 유엔 회원국은 단숨에 배증했고, 1960년대 중반에 이르자 개도국 블록이 총회에서 가장 많은 투표권을 행사하게 되었다. 이로 인해 유엔의 인권 활동이 더욱 활발해지고 국제 인권 의제는 새로운 방향을 찾았다.

유엔이 채택한 다른 인권 조약들

소위 '국제인권장전' 외에도 여러 다른 국제 인권 문서들이 유엔 체제에서 작성되었다. 그중 일부를 조금 살펴보자. 1969년에 발효된 「모든 형태의 인종 차별 철폐에 관한 국제협약International Convention on the Elimination of All Forms of Racial Discrimination」은 다음을 금지한다.

> 인종, 피부색, 혈통 또는 민족이나 종족의 기원에 근거를 둔 모든 구별, 배제, 제한 및 우대로서, 정치, 경제, 사회, 문화 등 모

> 든 공적 생활의 분야에서 인권과 기본적 자유의 평등한 인정, 향유 또는 행사를 무효화하거나 해치는 목적 및 효과를 가지고 있는 것.

「모든 형태의 여성 차별 철폐에 관한 협약Convention on the Elimination of All Forms of Discrimination against Women」은 여성에게 교육, 보건, 고용뿐 아니라 정치적 생활과 공적 생활에 대한 평등한 접근을 보장하는 것을 목적으로 한다. 1981년에 발효된 이 협약의 당사국은 다음을 위하여 적절한 조치를 다할 의무가 있다.

> 일방의 성이 열등하다거나 우수하다는 관념 혹은 남성과 여성의 고정적 역할에 근거한 편견, 관습 및 기타 모든 관행을 없애기 위하여, 남성과 여성의 사회적 · 문화적 행동 양식을 수정한다.

「고문 및 그 밖의 잔혹한, 비인도적인 또는 굴욕적인 대우나 처벌의 방지에 관한 협약Convention against Torture and Other Cruel, Inhuman or Degrading Treatment or Punishment」은 1987년에 발효되었다. 「고문방지협약」은 (협약의 목적상) 고문이 무엇인지를 정의하며, 모든 당사국에 다음과 같은 의무를 지운다. 1) 관할하의 모든 영토에서 고문 행위를 방지하기 위한 조치를 취한다.

2) 어떤 개인을 고문할 가능성이 있다고 믿을 근거가 상당한 다른 나라로 그 개인을 인도하지 않는다. 3) 타국에서 일어난 고문 행위에 대해서도 자국 법원에서 기소가 이루어지도록 보장한다. 고문을 비롯한 비인도적이고 굴욕적인 대우의 금지에 관해서는 제4장에서 더 살펴보겠다.

「아동의 권리에 관한 협약Convention on the Rights of the Child」은 '해당인에게 적용되는 관련법에 의거, 이미 성년에 이르렀다고 간주되지 않는 한, 만 18세 미만의 모든 사람'을 아동으로 정의한다. 이 협약은 경제적 착취, 인신매매, 불법적 약물 사용, 모든 형태의 성적 착취와 학대 등 아동의 복리에 특별히 위해가 되는 관행들로부터 아동을 보호하는 것을 목적으로 한다. 이때 가장 우선시되는 원칙은 아동의 최선의 이익을 고려하는 것, 차별하지 않는 것, 그리고 아동의 바람을 존중하는 것이다. 협약은 1990년에 발효되었고, 유엔의 모든 인권 조약 중에서 가장 널리 비준되었다. 유엔 회원국 중에서는 유일하게 미국이 비준하지 않았다. (회원국이 아닌) 바티칸, 팔레스타인, 뉴질랜드령 니우에도 가입했다.

「모든 이주 노동자 및 그 가족의 권리 보호에 관한 국제 협약International Convention on the Protection of the Rights of All Migrant Workers and their Families」은 2003년에 발효되었다. 불행하게도 이 조약에 기속되기로 동의한 국가는 대부분 이주 노동자를

수용하는 곳이 아니라 **송출**하는 곳이다. 즉, 이주 노동자 수용국은 조약의 구속력 바깥에 있어 유엔 감시 기구의 감독에서 벗어나며, 그만큼 조약의 의무 조항들이 가지는 효과와 영향력은 제한된다.

두 건의 인권 조약이 2006년 말에 추가로 채택되었다. 하나는 「장애인의 권리에 관한 협약Convention on the Rights of Persons with Disabilities」이다. 협약의 핵심 권리는 의사 결정의 권리, 결혼할 권리, 가정을 이룰 권리, 일할 권리, 교육받을 권리다. 조약 당사국은 장애를 이유로 한 차별을 스스로 삼가고 '어떠한 개인이나 기관, 사기업도' 장애인을 차별하지 못하도록 조처할 의무가 있다. 다른 하나는 「강제 실종으로부터 모든 사람을 보호하기 위한 국제 협약International Convention for the Protection of All Persons from Enforced Disappearance」으로, 강제 실종과 관련된 범죄자를 조약 당사국이 직접 기소하거나 관할국으로 인도하게 하는 조약이다. 강제 실종 범죄는 다음과 같이 정의된다.

> 국가 요원 또는 국가의 승인이나 지원, 묵인하에 움직이는 개인이나 단체가 체포, 구금, 납치 등의 형태로 사람의 자유를 박탈한 후에, 그 사실을 부인하거나 실종자의 생사 및 소재를 은폐함으로써 그 사람을 법의 보호 밖에 두는 행위.

유엔이 '기준의 설정'보다 '이행'에 더 집중해야 한다는 것은 늘 반복되는 슬로건이지만, '새로운 권리'에 대한 요구도 결코 사라지지 않을 것이다. 2007년에는 「유엔 원주민 권리 선언UN Declaration on the Rights of Indigenous Peoples」이 추가되었고, 현재는 '노인의 권리와 존엄성'에 관한 문서를 작성하기 위해 회원국 간에 논의가 진행중이다.

학자들은 새로운 권리 운동이 어떻게 형성되고 그 성공 요인은 무엇인지를 분석하기 시작했다. 국제 인권 운동을 표방하는 최근의 캠페인들을 분석한 한 논문집에 따르면, 현재 제기되는 이슈들로는 전시 강간으로 태어난 아동들, 달리트의 권리, 레즈비언/게이 권리, HIV/에이즈, 장애인 권리, 여성 할례, 극빈, 물에 대한 권리 등이 있다. 이슈들이 국제 인권 기구로 흡수되는 경위를 이해하면, 오늘날 인권 세계의 역학 관계에 대해 많은 것을 알 수 있다. 클리퍼드 밥(Clifford Bob)은 다음과 같이 설명한다.

> 우선, 정치화한 집단이 오랜 불만을 규범적 주장으로 정식화한다. 둘째, 주요 권리 기구의 의제 선별 책임자를 설득해 그러한 권리 주장이 국제적 의제로 상정되게 한다. (…) 셋째, 국가와 국제기구들이 의제 선별 책임자와 불만 집단들의 압박에 응해 새로운 규범을 받아들인다. 마지막으로, 각국 기관들이 규범을 이행한다.

국제적 · 지역적 감독을 통한 인권 보호

국제적인 인권 조약과 선언들, 그리고 각종 지역 기구—미주기구(Organization of American States), 유럽 평의회(Council of Europe), 아프리카 연합(African Union), 아랍 연맹(Arab League), 아세안(ASEAN, 동남아시아 국가연합)—에서 나온 상응하는 문서들은 매우 폭넓은 권리들을 보장하며, 각 정부가 공언하는 인권 수호 의지를 입증하는 듯하다. 하지만 그런 문서들이 실제로 변화를 일구어내는가? 매일같이 확인되는 인권 침해의 증거들은 선언문 작성과 조약 체결로는 역부족이라는 사실을 시사한다. 그렇지만 그 안에 담긴 보장들을 더욱 효과적인 것으로 만들기 위해 다방면에서 상당한 노력을 기울여왔다.

첫째, 전문가들로 구성된 감시 기구들이 설립되었다. 이들은 각국 정부가 제출하는 인권 의무 이행 보고서를 평가한다. 평가 과정에는 2~3일에 걸친 '건설적 대화'가 포함되며, 그 결과는 해당 위원회의 '최종 의견서'로 정리된다. 일부 감시 기구는 사실 확인 작업과 국가 방문도 실시한다. 고문 방지 분야를 예로 들자면, 유럽 평의회의 감시 기구는 유럽 47개국의 수감 시설을 정기 혹은 특별 방문하며(지금까지 365회 이상[2019년 2월 기준 약 437회]), 유엔 고문방지위원회 역시 조약을 비준한 국가에 유사한 방문을 시행한다. 이들은 지금까지 모리셔스, 몰디브, 스웨덴, 베냉, 멕시코, 파라과이, 온두라스, 캄보디아, 레바논, 볼리비아, 라이베리아, 우크라이나, 브라질, 말리, 아르헨티나, 키르기스스탄, 뉴질랜드, 페루, 가봉, 니카라과, 아제르바이잔 등의 수감 시설을 방문했다.

둘째, 대부분의 인권 조약은 권리를 침해당한 개인이 해당 국가를 상대로 국제기구에 진정을 접수할 수 있도록 허용한다. (대개 조약이나 그에 딸린 의정서를 통해 '진정할 권리'를 명확히 인정한 국가를 상대로만 진정할 수 있다.) 앞서 언급한 두 규약 외에 최근 장애인의 권리, 아동의 권리, 여성 차별 철폐에 관한 협약들에도 진정 절차를 규정한 유사한 의정서가 추가되었다. 그 밖의 인권 조약들 역시 개인이 진정을 제기할 방편을 제공한다. 다만 이렇게 유엔 조약에 따라 진정을 제기할 수 있는 권리는 놀랍도록 활용도가 낮다. 부분적으로는 아마도 보복에 대한 두려움 때문일 테지만, 다른 한편으로는 진정이 가능하다는 사실 자체가 잘 알려지지 않았기 때문이기도 하다. 하지만 고문이나 사형의 가능성이 실재하는 나라로 추방되거나 인도될 위험에 처한 이들은 이러한 진정 절차를 활용해 더러 구제를 받았다.

국가를 상대로 한 개인의 진정이나 제소와 관련해서는 특히 지역 기구들의 성취에 주목할 만하다. 유럽과 미주의 인권 재판소나 유럽, 미주, 아프리카의 인권위원회는 인상적인 판례법을 발달시켜왔고, 이에 따라 인권의 범위에 대한 이해가 더 깊어졌을 뿐만 아니라 매우 구체적인 법적 보호책과 변화가 생겨났다. 국가가 패소하더라도 대개 그 판결은 그저 국가가 인권을 침해했고 따라서 배상에 나서야 한다는 선언에 불과하다. 하지만 때로 법원은 해당 개인이 추방되어서는 안 된다거나, 석방되어야 한다거나, 심지어 관련법이 개정되어야 함을 명령하기도 한다.

아프리카의 인권 보호 체제에는 최근 아프리카 인권재판소(African Court on Human and Peoples' Rights)가 추가되었다. 아직은 이 재판소가 자국의 개인이나 시민 사회 단체로부터 진정을 접수할 수 있도록 동의한 국가(부르키나파소, 말라위, 말리, 탄자니아, 가나, 르완다, 코트디부아르[2019년 2월 기준 베냉, 튀니지 추가])는 얼마 되지 않는다. 아랍 연맹도 아랍 인권재판소(Arab Court of Human Rights)를 설치하기로 했는데, 마찬가지로 관련 국가가 별도로 동의하지 않는 한 진정은 허용되지 않는다. 아세안에서 나온 인권 선언에 진정 절차에 대한 예비적 언급은 없다.

셋째, 국제 조약상으로 이러한 권리들이 공고해짐에 따라, 피해자들은 자국의 권력 기관에 그 국제적 의무를 상기시킬 힘을 얻게 되며, 그 결과 다양한 요구와 주장이 국내 소송이나 그 밖의 절차를 통해 정당화된다.

마지막으로, 제노사이드, 고문, 강제 실종과 관련된 경우에, 국제 조약은 자국 밖에서 체포된 개인의 기소를 위한 법적 준거를 마련해준다. 고문 방지 조약은 일부 개인에게 국제 기소 면제 특권이 있다는 법적 주장을 무력화하는 데 사용되기도 한다(실제로 런던에서 칠레 전 대통령 피노체트가 체포됐을 때 일어난 일이다).

그렇지만 조약에 의지해 인권 보호를 증진하는 데는 여전히 한계가 있다. 정부가 조약상의 의무를 제대로 준수하는지 감시하는 작업은 주로 정부의 자체 보고와 그 나라 시민 사회의 '이면 보고(shadow reporting)'에 의존하기 때문이다. (외부 전문가로 구성된) 감시 기구는 국가별 인권 현황을 분석하고 인권 의무의 완전한 준수에 필요한 조치를 정부에 권고하는 작업을 훌륭히 해내고 있다. 하지만 국가가 협조를 완강히 거부할 경우, 감시 기구는 평판의 힘을 활용하는 수밖에 없다. 물론 평판은 정부의 잘못이 매체에 의해 널리 보도되고 대중의 관심을 불러일으키는 한에서만 효과를 발휘한다.

이러한 조약의 실질적 효과를 확인하기는 어렵다. 원칙이 실천으로 이행되는 과정은 미묘하고 더디다. 관리들이 인권 조약에 저촉될 조치를 재고함에 따라 실제로 인권 침해가 예방된 사례가 얼마나 되는지를 우리는 결코 다 알지 못할 것이다. 그러나 지역 기구와 재판소의 결정 및 판결들, 그리고 유엔 감시 기구의 보고서에 담긴 권고들로 인해 인권 상황이 개선되었다는 구체적 증거는 존재한다. 인권 원칙에 부합하도록 국가 정책이 재고된 경우도 있고, 개인이 제기한 진정으로 인해 법규와 관행에 근본적 변화가 일어난 경우도 있다.

지역적으로 볼 때 인권 체제는 미주, 유럽, 아프리카에서 가장 잘 발달해 있기는 하다. 하지만 아랍과 아세안 지역에서 새로이 합의되고 있는 문서들은, 그곳에서 우리가 좀더 지역적인 인권 감수성에 뿌리내린—즉 그런 문서들이 2차대전의 외상에 기인한 유럽의 유산이라는 인식으로부터 더 자유로운—인권 사상의 건전한 발전을 보게 될 수도 있음을 의미한다. 지역의 인권 보호 체제는 국제적 틀을 그대로 따르기보다는 그러한 보편 합의의 수준을 뛰어넘는 성과를 내고 있다. 「여성 폭력에 관한 아프리카 의정서African Protocol on Violence Against Women」가 한 예다. 이 문서는 아프리카에서 새로운 법규가 도입되는 데 영향을 끼쳤고, 현대의 인권 문제에 대한 새로운 접근법을 제시했다. 「아세안 인권 선언」을 채택한 나라 중에는 브루나이 다루살람, 캄보디아, 인도네시아, 라오스, 말레이시아, 미안마, 필리핀, 싱가포르, 타이, 베트남 등, 기존에는 인권이 자신들의 문화적 관점을 반영하는지에 회의적이던 곳도 포함된다. 이 새로운 선언은, 일부 인권을 누락했다는 비판을 받기는 하지만, 장기 밀매를 포함한 인신매매에 관한 혁신적 조항을 포함하며, 아동 노동으로부터 아동을 보호하는 규정을 두었고, 아세안 각국에 '에이즈를 포함한 감염성 질병의 예방과 치료 및 환자 돌봄과 지원 과정에서 낙인, 침묵, 거부, 차별을 극복하기 위한 긍정적 환경을 조성'할 것을 의무화한다. 새로운 도전 과제가 속속 등장하는 가운데 새로운 주장을 인권 의제로 제시하는 전략이 주효함에 따라, 인권의 목록은 앞으로도 계속 확대될 것이다.

제 3 장

인권 외교와 유엔의 역할

합의된 문서들과 국제적 감독 체제에 대한 설명은 많은 이들에게 여전히 불충분하다. 조약에 규정된 권리들이 정말로 집행되고 있는가? 법적인 틀도 짜여 있고 국제 사무국과 비정부 기구가 제출하는 보고서도 있지만, 권리들이 정말로 실현되도록 보장하는 압력은 어디서 가해지는가? 각국 정부는 그들의 외교정책이 인권의 보호와 증진을 지향한다고 공언하지만, 그 말이 정말로 의미하는 바는 무엇인가? 특정 정부가 인권 조약을 위반한 다른 나라를 실제로 국제 재판소에 고발하는 사례는 매우 드물다. 분명 인권 담론은 재판정 바깥에서도 작용하고, 외교정책에서 중요한 요소가 될 수 있다. 그러나 이는 현실적으로 무엇을 의미하는가?

외교정책과 불간섭 문제

한 나라가 자국민을 대하는 방식에 대해 다른 정부가 정당하게 간여할 수 있다는 생각은 국제관계에서 비교적 최근에 등장한 혁신적 발상이었다. 20세기에는 대체로 내정 불간섭 개념이 우세했고, 따라서 인권은 외교정책의 대상으로 삼기에 적절하지 않았다(상자 15).

상자 15 폴 지그하트(Paul Sieghart)의 『인간의 합법적 권리The Lawful Rights of Mankind』 서문

제2차세계대전이 끝날 때까지만 해도, 한 국가가 그 시민을 어떻게 처우하는지는 전적으로 주권적 판단의 문제로 나라 밖에 있는 누군가가 정당하게 관여할 수 있는 사안이 아니라는 것이 국제관계에서 보편적으로 통용되는 원칙이었다. 만약 어떤 선의의 외국 사절단이 1936년에 아돌프 히틀러 총통을 방문해 악명 높은 뉘른베르크법과 그에 근거한 독일계 유대인의 박해에 항의했다면, 아마도 퓌러는 '주권국 독일의 내정에 대한 부당한 간섭'이라는 전형적인 표현으로 그런 지적을 일축했을 것이다. 뉘른베르크법은 헌법과 법률에 따라 권한을 갖춘 의회에 의해 독일 헌법의 규정들을 온전히 준수하여 제정되었으며, 그 법이든 그것의 적용이든 외국인이 참견할 바는 아니라고 말이다. 당시의 국제법상으로는 전혀 틀린 말이 아니었을 것이다. 아마 비슷한 사절단이 비슷한 시기에 이오시프 스탈린 서기장을 방문해 소련에서 자행된 부농 계급 말살에 항의했더라도 결과는 마찬가지였을 것이다.

새뮤얼 모인(Samuel Moyn)은 최근 저작에서, 인권의 목록이 작성되고 인권이 각국의 법질서를 넘어서는 자리에 정초된 계기는 1948년 세계인권선언이었다고 해도, 영어권에서 인권 운동이 '폭발적으로' 성장하고 미국을 비롯한 여러 나라의 언론 및 외교정책에서 인권의 역할이 두드러지기 시작한 것은 1977년경에 이르러서였다고 강조한다(상자 16).

오늘날 일부 국가는 외무부 내 인권 담당 부서, 인권 자문 위원회, 심지어 인권 장관까지 두고 있으며, 유럽 연합(EU)에는 인권특별대표(Special Representative for Human Rights)〔인권

상자 16 새뮤얼 모인, 『마지막 유토피아The Last Utopia』

그러한 폭발적 성장에 기폭제가 된 요인들로는, 유럽의 정체성을 냉전 체제 바깥에서 찾고자 한 움직임, 소련과 (이후) 동유럽으로부터 망명한 반체제 인사들의 증언과 그에 대한 정치인, 언론인, 지식인들의 반응, 그리고 베트남전 비극 이후 미국의 외교정책에서 새로이 이루어진 도덕적 의미에서의 진보적 선회를 들 수 있다. 이에 못지않게 중요하지만 상대적으로 간과되는 나머지 요인은, (적어도 서구 관찰자들이 보기에) 공식적 식민주의의 종식에 이어 탈식민 세계가 맞이한 위기〔신생 독립 국가들의 잇따른 정치적 실패〕였다. 달리 말해, 인권을 주창하는 사회 운동 및 공통 담론의 등장을 가장 잘 설명하는 일반적 방법은, 그에 앞선 다른 유토피아들, 즉 국제주의적〔공산주의〕 유토피아와 국가중심적〔반제국주의〕 유토피아가 모두 붕괴된 데서 그 원인을 찾는 것이다.

관련 임무를 띠고 해외로 파견되는 일종의 대사)직이 있다. 물론 인권이 외교정책의 중심에 있다고 천명하는 것과 실제로 의사 결정 방식을 바꾸는 것에는 차이가 있다. 하지만 이제 인권 존중은 국가 간의 의사 결정에서 널리 고려되는 사항임이 분명하다. 국제기구 및 지역기구에의 가입, 무역협정과 특혜관세, 수출 신용 보증, 무기 이전, 외국인 직접 투자, 국제 금융기관과의 협력, 유엔의 기술원조 프로그램, 개발 사업, 국제 투자 협정, 관세 공동체, 국제 평화 및 안보의 유지 등에 걸친 여러 분야에서, 인권과 관련된 전력이나 평판은 해당 국가에 악영향을 끼칠 수 있다. 인권 개선의 의지는 여러 다양한 국가 간 조직에 참여하기 위한 하나의 전제 조건이라 해도 과언이 아니다. 그 명백한 사례가 신규 가입의 공식 조건으로 인권 존중을 요구하는 유럽 연합이다. 불가리아나 크로아티아는 인권과 관련한 상세한 요구 사항들을 충족시켜야 했다.

이러한 가시적 진보와는 대조적으로, 여전히 타국의 인권을 증진하는 일은 경합하는 다른 '국익'과 충돌한다고 판단될 경우 각국 정부의 우선순위에서 한참 아래로 밀려나고 만다는 사실을 기억할 필요가 있다. 이같은 상황이 바뀌려면 국민의 열의가 지도자를 압박해 인권 중심의 외교정책을 유지하고 우선순위를 재조정하게 만드는 수밖에 없다.

여기서 주목해야 할 긴장 요소가 있다. 바로 심각한 인권 침해로 이어질 소지가 있는 무기 거래 문제다. 이미 다양한 국가들이 무기 거래와 관련해 나름의 자체 규정을 두고 있긴 하지만, 2014년 12월 24일 발효된 유엔의 무기거래조약(Arms Trade Treaty)은 무기 거래가 인권에 끼치는 영향에 대해 더 큰 관심을 불러모았다. 이 조약에 따라, 어떤 무기나 제품이 제노사이드나 인도에 반하는 죄, 특정 전쟁범죄를 저지르는 데 사용되리라는 것을 인지한 경우, 그 이전은 금지된다. 또한 어떤 수출품이 심각한 인권법 위반 혹은 위반의 방조, 나아가 인신매매 범죄에 악용될 결정적 위험이 존재하는 경우, 그 수출은 허가되지 않는다. 프랑스, 독일, 이탈리아, 스페인, 영국 등 최대의 무기 수출국 일부가 이 조약에 기속되기로 동의했다. 미국은 조인만 한 상태지만, 헌법에 보장된 무기 소지 권리에 집착하는 국내 여건상 조약 비준은 난항을 겪을 것으로 예상된다. 미국은 인권을 침해하는 이들에게 무기가 주어지는 것을 막기 위한 상당히 엄격한 국내법을 두고 있기는 하다(상자 17).

인권 외교의 한계

외교정책을 통해 인권을 증진한다는 입장은 몇 가지 근거에서 비판을 받는다. 첫째, 인권 외교를 통해 은근슬쩍 군사력

상자 17 국제 앰네스티(Amnesty International), 「무기거래조약 안내」

미국은 단연 세계 1위의 무기 수출국으로, 재래식 무기 이전액의 30%가량을 차지한다. 따라서 〔이 조약에 대한 — 저자주〕 미국의 입장이 결정적으로 중요하다.

주요 고객

미국은 170개국 이상에 무기를 공급한다. 유엔의 무기 금수 조치 대상국 및 미얀마, 중국, 스리랑카, 짐바브웨로의 무기 이전은 규제하고 있다. 하지만 그들의 무기가 심각한 인권 침해에 악용될 소지가 있는 그 밖의 나라들, 이를테면 이라크, 이스라엘, 스리랑카, 바레인, 이집트, 예멘 등에는 공급을 멈추지 않고 있다.

무책임한 무기 이전

미국은 이집트와 이스라엘의 주된 무기 공급국이다. 주요 무기류뿐만 아니라 폭력적 시위 진압에 활용되는 소형 무기, 탄약, 화약 작용제도 판매하고 있다. 또한 예멘에는 소형 무기, 화약 작용제, 장갑차를, 바레인에는 소형 무기를 공급하며, 지속적인 인권 침해를 자행하는 콜롬비아 치안군에도 무기, 군사 원조, 훈련을 제공한다.

사용이 정당화된다는 일부 국가의 반발이 있다. 이들은 북대서양조약기구(NATO)의 1998년 (코소보 사태와 관련한) 세르비아 폭격과 2011년 리비아 사태 개입을 강력히 비난했다. 후자의 경우 유엔 안전보장이사회의 승인이 있었지만, 러시아와 중국은 영국, 프랑스, 미국이 민간인 보호라는 공식 임무를 벗어났다고 보고 이를 비판했다. 그들이 느끼기에 서방의 개입은 정권 교체를 획책하려는 구실에 지나지 않았다. 시리아에서는 심각한 인권 침해와 인도적 위기 상황이 발생했지만, 국제사회는 아사드 정권을 상대로 한 군사 개입에 거의 관심을 보이지 않았었다. 그러던 2014년에 자칭 '이슬람국가(IS, 아랍두문자어 'DAESH'로도 알려져 있다)'라는 잔악한 무장 단체가 등장하자, 미국을 중심으로 한 몇몇 국가들이 이들의 인권 침해를 규탄하고 더 나아가 이들에 대한 제한적 공습 작전을 펼쳤다.

인권이 군사력 사용을 정당화할 수 있는지를 평가하는 일은 여러 가지 이유에서 까다롭다. 무엇보다도 개입에 필연적으로 수반되는 무력으로 인해 많은 경우 유익보다 해악이 더 커질 위험이 있다. 군사 개입 과정에서는 목숨이 희생되게 마련이다. 생명을 살리기 위해 정당화될 수 있는 희생의 크기는 어느 정도인가? 인권 운동가들은 실제로 인권 유린이 자행되는 상황에서도 인권의 이름으로 군사력이 동원되는 것에 반대하곤 한다(그림 7). 미국에 본부를 둔 국제 인권 단체인 휴먼라이츠 워치(Human Rights Watch)는 2004년 『세계 인권 보고서World Report』에서 이렇게 주장했다.

7. '인권을 명분으로 전쟁을 벌이지 말라.' 스위스 베른에서 열린 2003년 이라크 전쟁 반대 시위.

전쟁 옹호자들이 인도주의에 기대어 전쟁을 합리화하는 경향이 강해진 만큼, 그러한 주장을 평가할 필요성도 커졌다. 우리의 결론은, 사담 후세인 치하의 참상에도 불구하고, 이라크에 대한 침공은 인도적 개입으로 정당화할 수 없다는 것이다.

인권 외교정책의 또다른 문제는, 스스로도 인권 원칙을 무시하는 듯한 타국이 자국의 상황에 개입하려는 상황에서는 어느 정부든 반감을 느낀다는 점이다. 이제 미국의 비난을 받는 상대국은, 미국이 '테러와의 전쟁'의 일환으로 비밀리에 운용한 것으로 드러난 악명 높은 피의자 특별 인도 및 고문 프로그램을 거론할 공산이 크다. 드론 공습을 통한 표적 살해가 계속되고 있다는 점과 관타나모 베이에 재판 없이 수감된 이들의 신병 처리가 여전히 답보 상태라는 점 역시 미국이 타국의 인권 실정을 비판하기 어렵게 만들고 있다. 마찬가지로 9 · 11 사태 이후 인권을 침해한 혐의가 있거나 혹은 미국이 저지른 침해 행위에 연루된 것으로 여겨지는 다른 국가들도 도덕적 우위를 주장하기 어렵게 됐다.

이제는 냉전 시대처럼 공개적으로 인권 침해를 규탄했다가는 상대국도 이쪽에서 일어난 고문과 학대에 대한 상세한 자료로 맞대응하는 통에 무안을 당할 위험이 있다. 인권 침해국으로 지목당한 나라의 더욱 일반적인 대응은, 자국의 평판을 지키고자 방어적 태도를 보이는 가운데, 모욕을 준 국가를 다른 방식으로 괴롭히는 것이다. 통상이나 군사 원조 등의 분야에서 협조를 거부하기도 하고, 외세의 압력에 분연히 맞선다는 인상을 주고자 (그러지 않았으면 성사되었을) 법률 개혁을 보류하기도 한다. 그 결과 21세기의 외무 장관들은 공개적인 외교적 비난보다는 비공개적인 '인권 대화'를 선호하게 되었다. 물론 이렇게 비공개로 진행되는 탓에 그런 대화의 효과를 평가하는 것 자체가 어렵겠지만, 인권 단체들은 비공개 대화가 늘 다른 방식의 개입을 적절히 대체하는 것은 아니라고 본다. 휴먼 라이츠 워치의 켄 로스(Ken Roth)는 한 인터뷰에서 다음과 같이 말했다.

> 서방 정부들이 밀실에서 중국과 나누는 비공개 인권 '대화'라는 것에 진정성이 없다는 사실은, 그들이 중국의 대중을 향해 어떤 메시지를 전달하려는 노력을 거의 기울이지 않는다는 점에서도 드러난다. 그런 은밀한 대화는 변화를 위한 중국 내부의 노력에는 전혀 힘을 실어주지 못하며, 그저 서구 지도자들이 마치 그들의 정부가 중국의 인권 문제에 관심을 기울이고 있는 것처럼 모양새만 갖출 수 있게 해준다. 그럼으로써 그들은 변화에 도움이 될 만한 공개적인 방식으로 직접 그 문제를 다룰 필요성을 회피하는 것이다.

어느 나라든 다른 국익을 거스르고서 인권을 위해 바른 목소리를 낸다는 것은 쉽지 않은 결정이다. 그러나 정말로 그럴 수 있는지는, 결부된 다른 국익이 무엇인가뿐 아니라, 나라 밖의 인권 침해도 비난받을 일이라는 국민적 정서가 얼마나 강렬한가에 달렸다. 다른 국가에서 자행되는 인권 침해가 당장에 근절될 가능성은 희박할지 몰라도, 해당 정권의 정당성을 부정하는 효과는 상당할 수 있고, 권리 수호를 위해 투쟁하는 그곳 시민 사회 단체와 희생자들은 용기를 얻을 것이다.

기층으로부터의 운동이 기존의 권력 관계를 위협할 수 있다는 바로 그 점 때문에, 최근 들어 일부 국가에서는 비정부

상자 18 〈이코노미스트〉(2014), 「비정부 기구에 대한 외국의 자금 지원」

지난 2년간 아제르바이잔, 멕시코, 파키스탄, 러시아, 수단, 베네수엘라는 외국으로부터 자금을 지원받는 비정부 기구를 규제하는 법안을 통과시켰다. 방글라데시, 이집트, 말레이시아, 나이지리아를 포함한 여남은 국가들 역시 그같은 계획을 가지고 있다. 민주주의의 확립이나 인권 옹호에 집중하는 비정부 기구들이 가장 큰 타격을 입고 있지만, 공공 의료 등 다른 분야에서 활동하는 단체들 역시 영향을 받고 있다.

냉전 이후 얼마간 일부 독재 정부는 비정부 기구에 대한 외국의 지지와 재정 지원을 반김으로써 손쉽게 미국과 그 우방의 환심을 사곤 했다. 그러나 우크라이나의 2004년 오렌지 혁명에서 확인된

비정부 기구의 역할은 이런 태도에 변화를 가져왔다. 이들 비정부 기구 중 일부는 미국의 억만장자 조지 소로스(George Soros)가 설립한 열린사회재단(Open Society Institute)에서 자금을 지원받은 곳이었다. 이듬해 블라디미르 푸틴 러시아 대통령은 '공적 기관'은 외국의 원조를 받을 수 없다고 선언했고, 이에 따라 외국에서 자금을 지원받으면서 폭넓게 보아 '정치적 활동'에 종사하는 비정부 기구는 2012년까지 '외국 대리 기관(foreign agents)' — 간첩 활동을 암시하는 것이나 다름없는 표현이다 — 으로 등록하도록 의무화되었다.

비정부 기구들이 이에 응하지 않자, 올해 러시아 정부는 그들을 외국 대리 기관으로 직권 판정하기 시작했다. 우크라이나에서 죽거나 다친 것으로 추정되는 러시아 군인들에 관한 정보 공개를 요구하는 단체인 '상트페테르부르크 병사 어머니회' 역시, 외국에서 자금을 받지 않는다는 항변에도 불구하고 지난달 외국 대리 기관으로 지정되었다.

새로이 도입된 법령 다수는 매우 포괄적이며, 외국에서 들어오는 자금을 차단하는 기준이 모호하다. 인권 등 민감한 분야에서 활동하는 러시아 비정부 기구들은 외세의 영향을 입증할 만한 증거를 찾는다는 명목으로 사무실을 수색당한다. 우즈베키스탄으로 들어오는 모든 외국 기부금은 두 곳의 국유 은행을 거쳐야 하는데, 예치된 기부금은 거의 인출되지 못한다. 이집트 정부는 기존의 규제를 더욱 강화할 계획이며, 2011년에는 세계 비정부 기구 연합인 시비쿠스(Civicus)가 이집트 비정부 기구인 새여성재단(New Woman Foundation)에 5천 달러 상당의 '넬슨 만델라 혁신상(Nelson Mandela Innovation Award)'을 수여하려 하자 불분명한 '안보상의 이유'를 들어 이를 막은 바 있다.

기구로 지원되는 외국 자금에 대한 규제가 더욱 강화되는 모습이다. 국내 단체가 받을 수 있는 외국 자금의 규모를 제한하는 몇몇 법령도 새로이 도입되었다(상자 18).

어느 의미에서, 오늘날 유엔에서 진행되는 인권 논의에 참여하는 모든 국가는 그에 상응하는 인권 외교정책을 가지고 있다고 볼 수 있다. 다음 절에서 이에 대해 살펴보겠다.

인권과 오늘날의 유엔

초창기에 유엔 회원국은 9명의 개인으로 구성된 예비적 성격의 '핵심 인권위원회(nuclear Commission on Human Rights)'를 만들었다. 이 예비 위원회는 향후 정식으로 출범할 유엔 인권위원회가 '고도의 자격을 갖춘 개인'으로 구성될 것과, 그 구성원들은 제 나라 정부의 의견을 대변하기보다 '비정부 대표'로서 독립성과 전문성을 가지고 활동할 것을 제안했다. 그러나 정부들은 이 제안을 거절했다. 결국 애초에 이 예비 위원회를 만들었던 유엔 경제사회이사회는, 18개 위원국을 선출해 그 대표들로 인권위원회를 구성하기로 했다.

인권위원회의 의제는 위원국 간 세력 균형의 움직임을 반영하며 변화했다. 초기의 활동은 인권 기준을 마련하는 데 집중되었고, 이는 세계인권선언과 두 규약을 작성함으로써 마무

8. '5월 광장 어머니회'는 매주 부에노스아이레스의 5월 광장에 모여 1976~1983년 아르헨티나 군사 독재 시절에 '실종된' 자녀들을 위한 정의의 심판을 요구했다.

리되었다. 제3세계 위원국들이 추가된 1960년대에는 남아프리카의 인종 차별과 이스라엘의 팔레스타인 점령이 위원회의 우선적 안건으로 떠올랐다. 1973년 칠레 아옌데 대통령의 사회주의 정권이 군사 쿠데타로 무너지고 뒤이어 칠레와 아르헨티나의 인권 탄압을 둘러싼 우려가 제기되자, 1980년대에는 그러한 독재 국가의 상황들이 위원회의 공개 및 비공개 논의에서 주요 의제로 다루어지기 시작했다(그림 8).

인권위원회는 몇몇 선별된 국가들에서 일어나는 인권 침해를 감시하고자 일련의 '특별절차(special procedure)'를 마련했다. 추천을 거쳐 선발된 전문가들(특별보고관special rapporteur으로도 불린다)이 국가별 혹은 주제별 활동을 펼치고 그 결과를 유엔의 해당 기구에 보고하는 방식이다. 이들 전문가는 직접 국가 방문을 진행해 별도의 보고서를 작성하기도 하며, 해당 정부에 '긴급요청서(urgent appeals)'나 '혐의서(letters of allegation)'를 보내기도 한다. 그러한 '통신문(communications)'에는 〔개인의 진정으로 접수된 인권 침해 사항들을 바탕으로〕 혐의를 제기하고 시정 조치를 권고하는 내용이 담기며, 어느 정도는 정부의 반응을 끌어낸다. 2013년에 특별절차로 다룬 개인 진정은 1520건이었고, 정부 답변율은 45%였다. 정부가 특별보고관의 팩스나 서신, 이메일을 무시하거나 배척했더라도 유엔 감시 기구가 상황을 주시하고 있는 데에 부담을 느껴 결국 수감자를 석방하거나 정책을 수정한 사례도 있다. 분명한 것은, 보수 없이 일하는 이들 인권 전문가의 활동 덕분에, 대단히 풍성한 인권 관련 정보와 분석, 권고들이 축적되었다는 사실이다(상자 19에 지금까지 다루어진 주제들이 열거되어 있다).

그러나 인권위원회는 2006년 해산돼 인권이사회(Human Rights Council)로 대체되었다. 어째서 이런 일이 일어났을까?

상자 19 유엔 특별절차가 다룬 주제들

강제된 혹은 비자발적인 실종; 적법 절차를 거치지 않거나, 약식으로 이루어지거나, 임의로 집행되는 사형; 고문 등 잔혹하거나 비인도적이거나 굴욕적인 대우 또는 처벌; 종교나 신념의 자유; 용병; 아동 매매, 아동 성매매, 아동 포르노그래피; 임의 구금; 국내 난민; 인종주의와 외국인 혐오; 표현의 자유; 발전권(發展權); 여성에 대한 폭력; 법관과 변호사의 독립성; 구조조정 정책과 대외 부채; 유독하고 위험한 제품과 폐기물; 교육받을 권리; 무력 분쟁과 아동; 피해자를 위한 원상회복, 배상, 재활 지원; 극빈; 이주민; 식량에 대한 권리; 적절한 주거; 인권 활동가; 원주민; 건강권; 아프리카계 사람들에 대한 인종차별; 인권과 대테러 활동; 소수자 문제; 국제 연대; 인신매매; 인권과 초국적 회사 등 기업체; 노예제; 물과 위생 시설; 문화적 권리; 여성에 대한 차별; 평화적인 집회와 결사; 민주적이고 공정한 국제질서의 증진; 진실, 처벌, 배상, 재발 방지 보장(전환기 정의); 지속 가능한 환경; 노인; 사생활; 색소 결핍자 인권 그 무렵 위원회는 53개국 대표로 구성돼 있었는데, 그중 일부 국가와 그 동맹국이 서로 결탁해 위원회가 자신들을 인권 침해국으로 규탄하지 못하도록 방어막을 구축하고 있다는 인식이 2001년부터 퍼지고 있었다. 그 밖의 국가들이 위원국에 선출되기를 꾀하는 이유도, 절차 발의를 통해 결의안 도출을 방해하거나 표를 맞교환함으로써 위원회의 비난을 모면하기 위해서라는 주장이 제기되었다.

위원회의 국가 실태 조사는 선별적으로만 이루어졌다. 규탄당해야 할 바로 그 정부들에 의해 조사 대상국이 선정되었기 때문이다. 평론가들이 상투적 표현을 빌려 거듭 지적했듯이, 여우가 닭장을 지키는 형국이었다.

그리하여 개혁이 단행되었고, 이 개혁은 정부가 유엔 인권이사회로 진출하는 것을 더욱 어렵게 만드는 데에 초점을 두었다. 효과는 일부에서 기대한 만큼 뚜렷하지는 않았다. 그러나 새로운 규칙이 적용되면서 그러지 않았으면 이사국으로 선출되었을 몇몇 국가의 시도가 무산된 것은 사실이다. 스리랑카와 벨라루스의 선출에 반대하는 시민 사회 운동이 성공을 거두었고, 시리아와 수단은 기권할 수밖에 없었다.

새 인권이사회의 주목할 만한 개혁적 특징 중에서 가장 먼저 주목할 점은 신설된 '보편정기검토(Universal Periodic Review; UPR)'라는 절차다. 이제 이사회는 유엔의 모든 회원국과 그들의 모든 인권 의무 및 약속에 대해 이행 여부를 점검한다. 영향력 있는 일부 국가들도 더는 철저한 조사를 피할 수 없다는 뜻이다. 전 세계 모든 국가가 최대 총 4시간 반가량의 회의에서 조사를 받는다. 그런 식으로 전체 유엔 회원국을 다루는 데 4년 반이 소요된다. 모든 국가가 조사 대상국에 질의하고 권고할 (물론 각국에 할당되는 시간은 몇 분 정도로 제한되지만) 권한을 가진다. 이런 질의와 권고, 그리고 그에 대해 조사 대상국의 관료가 내놓는 답변은 모두 인터넷으로 생중계된다. 그렇게 주고받는 내용은 '외교적'이라 불러야 할 것들이 대부분이지만, 어떤 권고는 다른 것들에 비해 의미가 있으며, 검토된 사항들은 비정부 기구와 정부, 그리고 유엔 자체의 후속 조치를 위한 발판이 되었다.

지금까지의 상황만을 놓고 잠정적으로 평가해보자면(2014년에는 두번째 보편정기검토 주기가 진행중이었다), 보편정기검토를 계기로 각국에서는 유엔 감독 체제와의 협조, 제한적인 법률 개혁, 그리고 시민 사회와의 교류를 더욱 촉진하기 위한 구체적 조치들이 마련된 것으로 보인다. 각국은 여전히 권고를 수용하거나 거부할 자유가 있지만, 새로운 검토 절차가 도입된 후로 과거와 같은 블록 정치로부터는 꽤 멀어졌다. 각각의 권고는 한 국가나 그 국가의 특정 부처를 상대로 개별 정부가 작성한다. 검토 자체는 의례적인 분위기에서 진행되지만, 일단 회의장을 나선 후에는 수백 건에 달하는 양자 권고들이 이행되도록 모든 당사자가 필요한 조치를 취한다는 전제가 있다. 보편정기검토와 관련해 아마도 가장 덜 주목받는, 그러나 사실 가장 주목해야 할 측면은, 모든 검토 대상국에 대해 그 국가의 인권 문제들을 요약한 일련의 보고서들이 공개된다는 사실이다. 여기에는 해당 국가의 자체 보고서뿐 아니라 비정부 기구가 제기한 문제들을 요약한 보고서와 유엔의 보고서가 포함된다. 또한 권고 사항들의 목록과 더불어 그 이행에 관한 해당 국가의 후속 보고서도 공개된다. 종합적으로 이 문건들은 전 세계 모든 나라의 인권 현안들을 비교적 알기 쉽게 그려낸다.

둘째, 새로운 규칙으로 인해 인권이사회의 특별 회의 소집이 훨씬 쉬워졌다. 이사국 한 곳이 발의하고 전체 이사국 3분의 1이 동의하면 가능하다. 달리 말해 47표 중 16표만 얻어도 충분하다. 이사회는 하루 동안 긴급한 인권 문제를 난상 토론할 수 있는 특별 회의를 지금까지 20회 이상〔2019년 2월 기준 28회〕 개최했다. 흥미롭게도 이제 논의의 초점은 정부에 국한되지 않는다. 최근 이사회는 표결을 거쳐 IS(그림 9, 상자 20)나 보코하람(Boko Haram) 같은 비국가 행위자(non-state actor)가 저지른 인권 침해 행위를 규탄했다.

물론 정부를 규탄하려는 시도가 있을 때마다 정치가 작용

9. IS가 저지른 학살.

상자 20 유엔 인권이사회 결의문(2014), 「이라크 레반트 IS 및 연계 조직의 만행에 비추어본 이라크의 인권 상황」

소위 '이라크 레반트 이슬람국가(Islamic State in Iraq and the Levant)'라는 무장 단체와 그 연계 조직이 2014년 6월 10일부터 이라크 각지에서 저지른 테러 행위에서 비롯된, 전쟁범죄 및 인도에 반한 죄에 해당할 만한 조직적 인권 침해 및 학대와 국제 인권법 위반을 가장 강력한 언어로 규탄하며, 특히 사람의 종교적·종족적 귀속에 근거한 모든 폭력과 여성 및 아동에 대한 폭력을 강력히 규탄한다.

한다. 해당 정부뿐 아니라 그 동맹국들—이들은 문제를 자주권에 대한 간섭으로 인식하고 이를 물리치려 한다—로부터도 저항이 있게 마련이다. 실제로 일부 국가는 외교적 공세를 취하거나 혹은 '간섭'을 피하려는 비슷한 성향의 다른 국가들과 손잡음으로써 비난을 모면해왔다. 스리랑카에 관한 2009년 특별 회기에서, 이사회는 스리랑카 정부가 저지른 어떠한 인권 침해도 규탄하지 못했고, 그저 유엔과의 지속적인 협조를 당부하는 데 그쳤다. 스리랑카 내전에 관한 뒤이은 유엔 보고서에는 수십만의 민간인이 살상된 참상과 더불어 당시 스리랑카 정부에 아무런 잘못도 따져묻지 못한 유엔 회원국과 관리들의 실패가 그대로 기록되었다. 그러나 몇 년 후 인권이사회는 이 실패한 과제에 다시 도전했다. 이사회는 인권고등

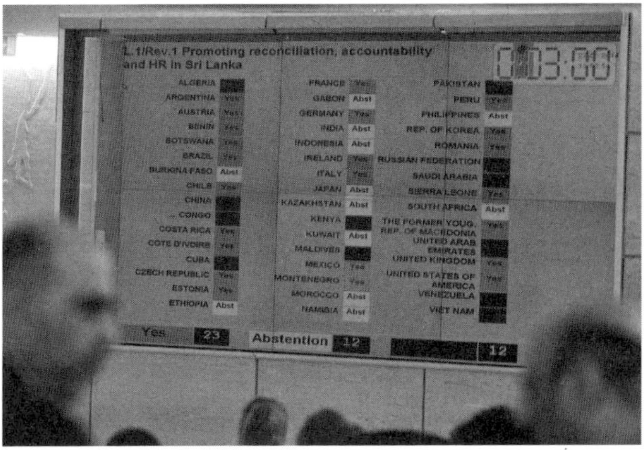

10. 인권이사회의 2014년 스리랑카 결의안 표결. 찬성 23, 기권 12, 반대 12.

판무관으로 하여금 스리랑카의 상황을 살피고 '내전의 양측이 저지른 심각한 인권 침해 및 유린과 그와 연관된 범죄 혐의'에 대해 조사를 개시하여 '면제 없이 확실한 책임을 묻도록' 하는 결의안을 채택하는 데 성공했다. 그런 결의안들은 의견 충돌을 일으키게 마련이지만(그림 10), 그럼에도 불구하고 인권이사회를 심각한 인권 침해가 다루어지는 장이자 궁극적으로 책임자의 처벌로 이어질 수 있는 조사 절차를 마련하는 자리로서 재정립해주었다.

셋째, 이 못지않게 중요한 부분은, 이사회의 조치들이 공식적이고 절차적인 회의장 바깥에서 후속 작업과 감시 활동을 촉진한다는 사실이다. 앞서 언급했듯이 보편정기검토는 기본적으로 여러 국가 간의 연속적인 양자적 질의응답에 불과하지만, 회기가 종료된 후 일부 정부는 자국에서 권고한 사항들이 검토 대상국에서 실제로 이행되는지를 현지 대사관을 통해 추적하고 그곳의 인권 상황이 실질적으로 향상되기를 도모할 것이다. 보편정기검토의 효과는, 인터넷 중계를 위해 공개적으로 주고받는 질의응답의 내용이나 공식적으로 얼마나 많은 권고 사항이 수용되거나 거부되는지로 판단할 것이 아니라, 각국이 실제로 인권의 향상에 나선 정도로 판단해야 한다. 일부 국가는 권고 사항에 따라 자신들이 어떤 조치들을 취했는지 여부를 상당히 종합적으로 공개해왔는데, 이를 확대한 것이 현재 각국 당사자들(정부, 비정부 기구, 국가 인권 기관)이 제출하는 '중간보고서(mid-term reports)'이며, 유피아르 정보(UPR Info)라는 비정부 기구는 이를 바탕으로 '중간이행평가(mid-term implementation assessments)'를 발표한다. 지금까지의 결과는, 실제로 일부 이행 조치들이 이루어지고 있으며(상자 21) 시민 사회의 의견이 때에 따라 더욱 진지하게 고려되고 정책 결정 과정에 더 큰 영향을 끼치고 있음을 시사한다. 남은

상자 21 유피아르 정보, 「약속의 이행Beyond Promises」

전체적으로 볼 때, 이행 조치로 이어진 권고의 수가 가장 많은 분야는 여성의 권리, 국제 조약, 아동의 권리였으나, 권고 이행 비율이 가장 높은 분야는 HIV-에이즈, 인신매매, 장애인 문제였다. 반면에 이전의 자유, 토지에 대한 권리, 사형과 관련된 권고들은 가장 낮은 이행률을 보였다.

(중간이행평가에서 도출된 — 저자주) 정보를 토대로, 우리는 관련 응답을 얻어낸 전체 권고 중 48%, 즉 1만 1500건 이상에 대해 중간평가 시점까지 모종의 조치가 취해졌음을 알게 되었다. 이는 보편정기검토 후 2.5년 이내에 48%의 권고가 부분적으로든 완전하게든 이행되었다는 뜻이다. 또한 아동, 소수자, 여성, 장애인, 그 밖의 다양하고 폭넓은 취약 집단들을 위한 실질적 진보가 확인되었다. 보편정기검토의 잠재적 가치는 앞으로도 더 계발될 여지가 남아 있으며, 당사자들은 계속해서 경험을 통해 학습하며 전략을 가다듬고 있다.

과제는 앞으로도 이런 중간평가를 포괄적이면서도 구체적이고 유의미한 과정으로 유지해가는 것이다.

오늘날 유엔이 마주한 위험은 인권 논의가 이데올로기적 비방전으로 퇴행하거나 블록 정치에 발목 잡히는 것이 아니다. 그보다는, 각국 정부가 보편정기검토 때 자국과 비슷한 성향의 검토 대상국에 대해 솔직하고 비판적인—그래서 더 유익했을—접근을 취하기보다는 그저 칭찬으로 시간을 낭비하는 경향이 문제가 되고 있다. 보편정기검토의 효과를 담보하기 위해서는, 그것이 칭찬 릴레이에 그치지 않도록 끊임없이 주의를 기울여야 한다. 발터 켈린(Walter Kälin)은 보편정기검토가 두 가지 측면에서 의례성에 빠질 위험이 있다고 경고한다. 하나는 '인권 이력도 열악하고 개선 의지도 없는 국가들에 단지 보편정기검토에 참여하고 권고를 수용한다는 사실만으로 그들도 인권 증진에 매진하고 있다고 주장할 기회를 준다'는 측면의 의례성이며, 다른 하나는 권고국 외교관들이 검토 대상국의 인권 상황을 더는 면밀히 살피지 않고 '정례적으로 똑같은 (가벼운) 권고만 제시'하는 데서 오는 의례성이다.

언론의 관심은 주로 인권이사회의 활동에 쏠린다. 하지만 외교관들의 언행에만 집중하다보면 인권을 위한 유엔의 역할에서 많은 부분을 간과하게 된다. 특별절차와 조약별 전문가 기구를 통해 각국을 감시하는 일 외에도 유엔은 여러 중요한 맥락에서 인권 활동을 펼치고 있다. 첫째, 인권 기능을 담당하는 여러 현장조직이 구성되어 있다. 이들은 보호, 감시, 지원의 임무를 띠며, 민간인 보호의 임무를 띤 평화유지군과 함께 현장에서 인권을 보호하고 개선하는 데 어느 정도 성공을 거두고 있다. 둘째, 아동, 여성, 건강, 개발 등의 문제를 다루는 유엔의 프로그램과 기금도 그 운용 원리로서 인권을 준용하기 시작했다.

간혹 유엔은 회원국들이 명시적으로 동의한 수준을 넘어서는 행보를 보인다. 여기서 우리는 인권에 대한 일종의 '초(超)국가적' 접근을 감지한다. 유엔 사무총장, 유엔 인권고등판무관, 유럽 평의회 인권대표(Human Rights Commissioner for the Council of Europe)나 그 밖의 국제 및 지역 기구 사무국의 고위 관료들은 그저 몇몇 정부에 의해 주어진 과제를 달성하는 것 이상의 활동을 펼칠 수 있다. 그들은 정부들이 언급을 회피하는 사안에 대해서도 공개적으로 의견을 개진할 수 있다. 여기서 관건은 그런 정부 간 기구의 요직에 위치한 개인의 결단력이다.

예시를 위해 다음 일화를 살펴보자. 체첸 사태가 발생했을 때 메리 로빈슨(Mary Robinson) 유엔 인권고등판무관은 성명을 내고 '무차별적이고 과도한 무력 사용으로 많은 민간인이 죽거나 다치는' 상황에 우려를 표했다. 당시 국제사회에서 어떠한 정부 간 기구도 그와 유사한 수준의 우려를 표명하거나 구체적 행동에 나서는 데 필요한 다수 의견을 회원국 사이에서 도출해내지 못했다. 인권 외교정책을 공식적으로 내세우는 미국조차도 종종 유엔 인권고등판무관과 입장을 달리한다는 사실은 의미심장하다. 각국 정부는 다른 나라의 처신을 비판하거나 다른 나라 보안군에 의한 인권 침해를 항의할 때 '공세의 수위를 조절할' 필요를 느낀다. 〈뉴욕 타임스〉는 올브라이트 미 국무장관의 아프리카 순방을 다룬 기사에서 순방단의 일원이었던 한 관료의 말을 인용했다. "우린 메리 로빈슨과 다르니까요." 기사는 이렇게 이어졌다. "유엔 인권고등판무관에게는 인권 외에 다른 의제가 없음을 이르는 말이다. 오늘날 아프리카에서 미국이 추구하는 그 밖의 많은 이익에는 안정과 안보가 포함되며, 그곳에서 안정과 안보는 흔히 인권 단체에서 달가워하지 않는 수단이 동원됨을 의미한다."

인권고등판무관실(Office of the High Commissioner for Human Rights)은 군사 및 통상 분야의 전략적 이해관계로부터 자유로운 유엔 조직이다. 이는 (논의의 장으로 기능해야 할 인권이사회에서조차) 외교정책적 고려로 인해 배제되었을 법한 인권 문제도 인권고등판무관실의 주도로 공론화될 가능성이 있다는 뜻이다. 물론 인권고등판무관실은 각국 정부가 수용할 만한 범위 안에서 활동하지 않을 경우 예산과 협력, 지지를 잃게 되리라는 부담을 느낄 것이다. 그러나 인권고등판무관실은 독자적인 목소리를 낼 만한 여지를 어느 정도 마련했고, 마땅히 인권 침해가 발생할 때마다 그에 걸맞은 우려를, 심지어 분노까지도 뚜렷이 나타내야 한다. 지난 20년간 인권고등판무관실은 그 규모와 포부를 키워왔다. 제네바 본부에만 500명 이상의 직원이 있고 전 세계 현장조직, 평화유지군, 정무단(political missions)에 1350명가량이 근무중이다. 연간 예산은 약 2억 달러다.

제 4 장

고문

제3장에서 보았듯이, 일부 인권 침해 행위에 대해서는 국제적 수준에서 개인에게 형사 책임이 발생한다. 이에 따라 각국 정부는 수사와 기소의 의무를 지며, 사람들은 제 나라 밖에서도 체포되거나 기소될 수 있다. 우리는 이미 전쟁범죄를 언급했고, 제노사이드와 인도에 반한 죄의 정의를 살펴보았다. 그러한 범죄들은 국제 재판소에서 다루어지기도 하고, 경우에 따라 국내 법정에서 다루어지기도 한다. 이번 장에서 우리가 살펴볼 범죄는 고문이다. 유엔의 「고문방지협약」은 고문을 절대적으로 금지한다. "그 어떠한 예외적 상황도, 즉 전시 상황이나 전쟁의 위협, 대내적 정치 불안, 그 밖의 어떠한 공공의 비상사태라 할지라도, 고문을 정당화하지 못한다." 그러나 불

행히도 우리는 고문이 여전히 세계 곳곳에서 자행되고 있음을 안다. 우리가 마주한 과제를 더 잘 이해하기 위해, 잠시 고문의 역사를 상기할 필요가 있겠다.

고문은 다양한 목적으로 자행되어왔다. 때로 고문은 자백을 받아내고 결정적 증거를 제출함으로써 유죄 판결을 끌어내는 유용한 수단으로 인식되었다. 영국의 보통법은 고문을 금지했으나, 예외적으로 왕은 성법원(Star Chamber: 15세기 말부터 17세기 중엽까지 존속한 영국 형사법원)을 통해 '고문 영장'을 발부할 수 있었다. 그렇게 해서 고문당한 이들 중 가장 잘 알려진 인물이 바로 1605년에 의사당 건물을 폭파하려다 붙잡힌 가이 포크스(Guy Fawkes)다. 그는 고문을 이기지 못하고 공범들의 이름을 실토했다(상자 22). 그러나 이러한 형태의 수사는 왕권 남용의 상징으로 간주되었고, 결국 1640년에 성법원과 함께 폐지되었다. 로마교회법 전통을 따르는 유럽 대륙에서는 여전히 고문으로 얻은 자백이 유효한 증거 요소로 인정되었지만, 이러한 관행은 점차 신빙성이 부족할 뿐만 아니라 무고한 이에게 부당한 것으로 여겨지게 되었다.

현대의 폭압적 정권들에게 고문은 권력이 누구 손에 있는지를 반체제 인사들과 일반 대중에게 상기시키는 수단이었고, 권력을 유지하려는 그들의 노력은 집요했다. 1970년대에 국제 앰네스티 등의 단체가 주도한 고문 반대 운동은 고문에 대

상자 22 호프(Hope) 대법관의 'A와 관계자 대 내무 장관' 사건 의견서(2005년)

지금으로부터 400년 전인 1605년 11월 4일, 국회 의사당 건물 폭파 준비를 하던 가이 포크스가 체포되었다. 다음날 있을 국회 의사당 개원식에는 왕을 비롯한 여러 인사가 참석할 예정이었다. 이틀 뒤 제임스 1세는 런던 타워측에 고문을 재가하고 포크스에게서 범행 일체와 공모자 이름을 자백받도록 명령했다. 서한에서 왕은 고문관들에게 일단 '가벼운 고문'으로 시작하되, 정보를 얻어낼 때까지 점차 최고 수준으로 강도를 끌어올릴 것을 요구했다. 1605년 11월 9일, 포크스는 거의 알아보기 힘든 글씨로 자백 문서에 서명하고 공모자들의 이름을 댔다. 1606년 1월 27일, 포크스 외 7명은 웨스트민스터 홀에서 특별 위원회의 재판을 받았다. 각자의 반역 행위를 고백하고 서명한 진술서가 제시되자, 피고인들은 모두 진술서가 자신의 것이라 인정했고, 배심원단 앞에서 그 진술서들이 낭독되었다.

한 관심을 불러일으키고, 관련 규범을 발전시키고, 위법성을 강조하고, 감시 체제를 도입하는 데 성공을 거두었다. 이들의 노력으로 그리스 정권에서 자행된 고문이 폭로되었고, 유엔 인권위원회의 신중한 외교관들을 넘어 일반 대중의 의식이 각성되었다. 국제 앰네스티가 유엔 총회에 보낸 탄원서에 가장 먼저 서명한 이들 중에는 가수 존 바에즈(Joan Baez)도 있었다. 그녀는 1973년 런던에서 열린 자신의 콘서트에서 탄원서를 홍보하기도 했다. 전체 서명자 수는 결국 100만을 넘어섰고, 시민들의 참여는 각국 정부가 유엔 총회에서 고문 방지를 위한 선언문을 채택하도록 압력을 행사했다. 이 캠페인은 범죄 및 의학 윤리와 관련된 각국 정부의 전문 위원회와 공조함으로써, 인권 외교계 바깥의 다양한 영역에서 지지층을 확보할 수 있었다.

선언문은 1975년 '국가 및 실질적 권력을 행사하는 다른 모든 기관을 위한 지침'으로서 채택되었다. 이 지침은 각국의 국내법에서 고문 및 고문 가담을 범죄로 규정하도록 했으나, 고문을 국제 형사법의 문제로 다루는 데는 미치지 못했다. 그로부터 10년이 흐른 1984년에야 「고문방지협약」이 채택되었고, 고문 피의자의 신병을 확보한 국가에는 관할국으로 피의자를 인도하거나 자국 검찰에서 사건을 처리하도록 할 의무가 생겼다. 그리하여 사실상 고문의 형사 소추가 국제화되고, 국제 형사법 차원에서 고문에 의한 인권 침해를 다루게 되었다.

런던에서 피노체트(Pinochet) 전 칠레 대통령이 체포, 구금된 것은 이 협약의 규칙이 적용된 결과였다. 좀더 최근에 영국 법원은 바레인 왕실근위대장 알 칼리파(Al Khalifa) 왕자가 자신에게 제기된 고문 혐의에 대해 주장한 면책 특권을 이 협약에 근거해 기각했다. 협약은 또 이센 아브레(Hissène Habré) 전 차드 대통령을 세네갈에서 체포해 고문죄로 기소한 근거가 되었다. 2005년에는 아프가니스탄 반군 지도자 파르야디 자르다드(Faryadi Zardad)가 런던 올드 베일리[Old Bailey: 중앙 형사재판소]에서 고문과 인질 납치로 유죄 판정을 받아 20년 형을 선고받았다. 2009년 미국 법원은 '처키' 테일러(Chuckie Taylor: 찰스 테일러 전 라이베리아 대통령의 아들)에게 고문죄로 97년 형을 선고했다. 고문에 연루된 지도자 중에서 국외에서 체포되어 재판받는 이들의 수는 얼마 안 되지만, 이런 사건들은 결국 인권 범죄를 저지른 자는 누구든 죗값을 치를 수 있다는 사실을 환기한다. 더 가까운 2012~2014년에 우리는 수백 명에 달하는 아르헨티나 전직 관료들이 1976~1983년 훈타[Junta: 군사평의회] 독재기에 저지른 고문, 납치, 살인으로 재판받는 광경을 지켜보았다. '비밀 감금 고문 처단 시설(centros clandestinos de detención tortura y exterminio)' 운용에 관여한 혐의로 기소된 자들을 포함해 다수가 종신형을 선고받았다.

'테러와의 전쟁'과 고문

그러나 근래에는 고문에 대한 절대적 금지를 약화시키려는 시도들도 있었다. 우선, 충격적인 2001년 9 · 11테러의 여파 속에서 미국 정부는 고문을 상당히 좁게 정의하고자 했다. 2002년 법무부가 작성한 내부지침서에서 고문은 '극심한

(excruciating)' 혹은 '엄청난(agonizing)' 고통을 의도적으로 가하는 행위로서 매우 협소하게 해석되었다. 잇따라 도입된 정책들은 정보기관에 의한 이른바 고문 프로그램과 빈번한 수감자 학대에 길을 터주었다. 다른 내부지침서들에는 미국 헌법상의 고문 금지가 영토 바깥의 외국인 적 전투원에게는 적용되지 않으며 미국 대통령의 명령이 국제법에 '우선'할 수 있다는 견해가 시사되었다. 학대당하는 이라크 포로의 사진이 유출돼 모멸적 대우에 대한 생생한 증거가 드러나자, 잘못이 밝혀진 교도관뿐 아니라 정책 입안자들에게도 비난이 쏟아졌다(그림 11).

이 사건은 여야를 불문하고 정치권을 충격에 빠트렸고, 버락 오바마 대통령은 취임 직후에 모든 관련 내부지침을 폐기했다. 그는 고문은 단지 비효과적일 뿐만 아니라 오히려 역효과, 즉 이라크와 아프가니스탄에 파견된 미군이나 정보 요원을 더 큰 위험에 노출시키는 역효과를 가져왔다고 지적했다. 그럼에도 그는 '뒤를 돌아보기보다는 앞을 향해 나아가야 한다'는 뜻을 내비쳤고, 훗날 미국 행정부는 CIA 심문관들을 기소할 근거가 불충분하다고 결론지었다. 2014년에는 CIA의 구금 및 심문 프로그램에 관한 상원 정보특별위원회 보고서의 요약 편집본이 공개되면서 활발한 논의가 촉발되었으나, 논의의 초점은 CIA의 프로그램이 과연 실제로 유용한 정보를

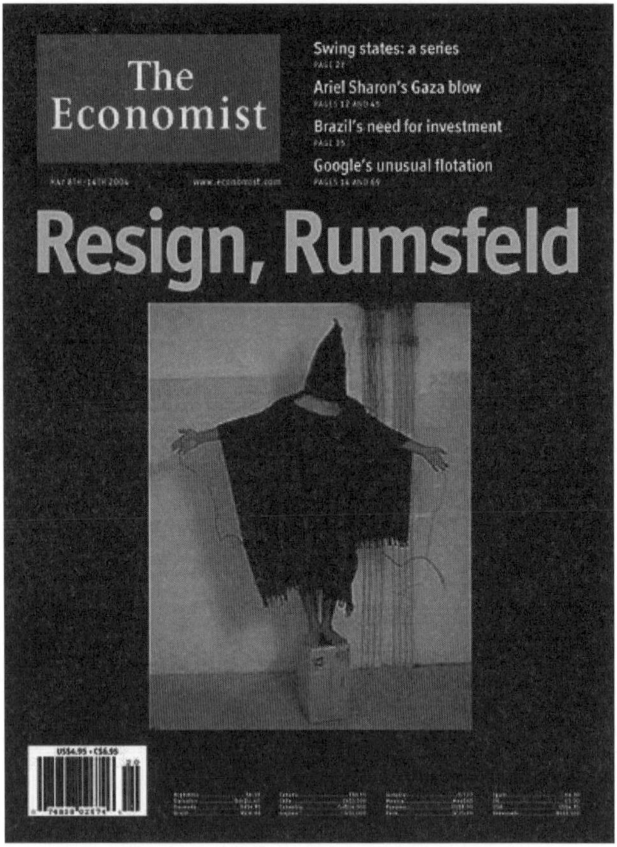

11. 이라크 포로를 학대하고 모욕하는 장면을 담은 사진들이 전 세계에 공개되었다. 두건을 쓴 채 전선을 감고 상자 위에 올라선 사람의 이 사진은 이라크 포로에 대한 인권 침해의 상징이 되었다.

제공했는지에 맞춰졌고, 결과적으로 범법자에 대한 기소 문제는 거의 논의되지 못했다. 인권을 존중한다는 것은 모든 형태의 고문 등 비인도적이거나 굴욕적인 대우가 엄격히 금지되어야 함을 의미한다. 고문이 정보를 제공하는지는, 설령 그 정보가 '재깍거리는 시한폭탄'을 멈출 유일한 방법으로 보인다 해도, 중요하지 않다.

오바마 대통령은 2009년 5월 21일 연설에서 이렇게 말했다.

> 나는 물고문과 같은 잔인한 방법이 우리의 안전을 지키는 데 필수적이라는 일각의 주장에 결코 동의할 수 없습니다. 나는 이 나라의 안보를 책임진 군 통수권자로서 안보와 관련한 정보를 직접 확인합니다. 단언컨대, 그런 잔인한 방법이 가장 효과적인 심문 기법이라는 주장은 사실이 아닙니다. 더 나아가 그런 방법은 법치를 무너뜨립니다. 세계에서 우리를 고립시킵니다. 테러 조직의 모집 활동에 도움을 주고 적의 투지를 강화하는 반면, 다른 나라가 미국에 협조할 의향은 약화시킵니다. 전투에서 적이 투항할 가능성을 낮추어 우리 군의 목숨을 위태롭게 하며, 미국인이 생포되었을 때 학대당할 가능성을 높입니다. 한마디로 우리의 전쟁과 대테러 노력에 도움이 아닌 해가 되었습니다. 바로 그러한 이유로, 나는 그것들을 완전히 끝냈습니다.

캐나다와 영국은 미국과 몇몇 다른 국가가 '테러와의 전쟁' 과정에서 피의자 심문을 위해 고문 기술을 동원한다는 것을 알고도 묵인하거나 방조했다는 비난을 받았다. 영국 정부는 '제3국에 의한' 고문 등 잔혹하거나 비인도적이거나 굴욕적인 대우가 발생할 위험이 있다고 판단될 때 군과 국방부 및 정보기관의 담당자가 취해야 할 행동 지침을 발표했다. 이 지침에는 어떤 형태의 대우가 금지되는지 상세히 열거되어 있다(상자 23).

고문으로 얻어낸 정보

오늘날 강압적인 심문 방법을 동원하는 목적은 (가이 포크스의 경우 그러했듯) 재판을 위한 자백을 얻어내기 위함이 아니다—그런 방법으로 얻어낸 증거가 재판에서 인정되도록 허용하는 법체계가 거의 없다는 사실은 이미 널리 알려져 있다. 그보다는 테러 조직에 관한 정보를 얻어내 향후의 공격을 예방하기 위해 고문을 저지른다고들 한다. 여기서 우리는 앞서 언급한 시한폭탄의 가정으로 되돌아가게 된다—테러를 막기 위해서라면 다소간의 고문이나 학대가 정당화될 수 있을까? 매체들은 지치지도 않고 이런 딜레마에 처한 액션 영화의 주인공을 보여준다. 미국의 전 CIA 국장은 9 · 11 사태 이후의

상자 23 수감자 면담과 정보 전달 및 인수에 관한 영국의 2010년 지침서

고문

영국법은 고문을 범죄로 규정한다. 고문이란, 공직 관료가 임무 수행중 혹은 임무라 주장하는 활동중에 의도적으로 심각한 정신적·육체적 고통이나 괴로움을 가하는 행위로 정의된다.

잔혹하거나 비인도적이거나 굴욕적인 대우 또는 처벌

잔혹하거나 비인도적이거나 굴욕적인 대우 또는 처벌(cruel, inhuman, or degrading treatment or punishment; CIDT)은 일부 국제 조약에서 사용되는 용어이지만, 영국법에는 정의되어 있지 않다. 본 지침서에서 영국 정부는 다음 행위가 CIDT에 해당한다고 본다. 이 목록은 완전하지 않다.

(i) 압박 자세(stress positions)의 활용
(ii) 수면 박탈
(iii) 시야 제한(수감자의 육체적·정신적 건강을 위협하지 않거나 체포 및 이송 중 보안상의 이유로 필요한 경우는 제외)과 복면 씌우기
(iv) 모든 종류의 물리적 학대나 처벌
(v) 음식, 물, 또는 치료 제공의 거부
(vi) 굴욕적인 대우(성희롱, 종교적 조롱 등)
(vii) '백색' 소음이나 기타 소음의 의도적 사용

CIA 활동을 정당화하기 위해 2014년에 매우 공개적으로 이 가정을 끌어다쓴 바 있다.

소수의 개인을 고문해 다수의 무고한 생명을 구할 수 있다는 주장은 끊임없이 되풀이된다. 이에 대해서는 다음과 같이 반박할 수 있다. 첫째, 고문당하는 사람은 고통에서 벗어나고자 아무 말이나 할 수 있기 때문에, 고문으로 얻은 정보는 신뢰성이 떨어진다고 한다. 그러므로 고문은 수사에 도움이 되기보다는 잘못된 단서를 제공할 확률이 높다. 둘째, 일단 예외적인 상황에서 용인되기 시작하면 고문은 점차 확산할 테고, 우리는 소위 '미끄러운 내리막길'에 서게 되어, 결국에는 그런 학대가 정상적인 일로 여겨지거나 심지어 으레 기대되는 지경에 이를 수 있다. 셋째, 고문은 그저 어떤 상황에서든 잘못된 것이다. 사회의 존재 이유는 우리 모두가 서로의 가치나 존엄성을 존중하도록 보장하기 위함인데, 고문은 이런 생각을 근본적으로 부정하기 때문이다.

그러나 이러한 찬반양론을 모두 숙고해 고문이 공식적으로 불법화되었음에도 불구하고, '정당화할 수 있는 고문'이라는 개념은 어느 틈엔가 오늘날의 담론 속에 다시금 자리를 잡았다. 고문을 저지른 자에 대한 형사 재판에서 '긴급피난(necessity)'이라는 방어 논리〔생명, 신체, 자유, 재산에 닥친 급박한 위험을 피하고자 부득이 타인에게 손해를 입힌 경우로, 위법성 조각

사유가 된다)를 인정할 수 있다는 주장이 제기되기 때문이다. 이같은 견해에 근거해, 1999년 이스라엘 대법원은 국가 안보 기관이 (이를테면 강하게 흔들어대기 같은) 특정한 물리적 심문 기법을 사용할 수 없다고 판결하면서도 예외 단서를 두었다. 독일에서도 유사한 판례가 있었다. 유괴 피의자에게 아이의 소재를 실토하지 않으면 고문을 하겠다며 위협한 경찰관들에 대해, 독일 법원은 이들의 의도가 생명을 구하기 위함이었던 정상을 참작해 엄중한 처벌 대신에 경고 및 벌금형과 집행 유예를 선고했다(상자 24).

최근 캐나다에서 나온 지침은, 생명과 재산에 대한 심각한 위협에 대처하기 위한 이례적인 상황에서는 고문으로 얻은 정보도 합법적으로 공유되어야 한다는 생각을 반영하고 있다. 2011년에 캐나다 보안정보국(CSIS)에 전달된 장관결정문에 따르면,

> 인명 손실이나 상해, 상당한 재산 손괴의 심각한 위협을 그것이 현실화되기 전에 차단하기 위하여, 예외적인 상황에서는 CSIS가 확보한 정보를 가장 완전한 형태로 공유할 필요가 있으며, 여기에는 외국 기관이 학대〔고문 등 잔혹하거나 비인도적이거나 굴욕적인 대우 또는 처벌—저자주〕를 통해 얻어냈음직한 정보도 포함된다. 예외적 상황에서도 오로지 그 출처를 이유로 그러한 정보를 간과

상자 24 플로리안 예스베르거(Florian Jessberger), 「나쁜 고문, 좋은 고문?」

2002년 9월 27일, 법대생 마그누스 게프겐(Magnus Gaefgen)은 한 은행 중역의 11살 아들 야코프 폰 메츨러(Jakob von Metzler)를 유괴한 후 자신의 아파트에서 살해하고 사체를 프랑크푸르트 인근 호숫가에 숨겼다. 계획한 대로 그는 소년의 가족에게 몸값 100만 유로를 요구하는 편지를 보냈다. 사건 발생 사흘 뒤, 게프겐은 그 돈을 찾으려다 검거되었다. 수사 과정에서 그는 자신의 범행에 대해 모호하거나 혼선을 일으키는 진술로 일관했고 아이의 건강 상태나 소재에 관해서는 일절 답하지 않았다. 결국 체포 다음 날, 수사를 책임진 프랑크푸르트 경찰 간부 볼프강 다슈너(Wolfgang Daschner)는 당사자 사전 고지 후 의료진 입회하에 상해를 입히지 않는 수준에서 피의자에게 고통을 가하도록 지시했다. 아이의 목숨을 구하는 것이 먼저였다. 이에 부하 경관은 (여전히 체포 상태에 있던) 게프겐에게 계속해서 아이의 소재를 숨긴다면 '결코 잊지 못할' 고통을 맛보게 되리라며 협박했다. 두려움을 느낀 게프겐은 아이의 위치에 관한 상세한 정보를 털어놓았다. 특수 훈련을 받은 수사관을 불러오는 등 모든 준비를 해두었지만, 실제로 고문할 필요는 없었다. 경찰은 곧 죽은 아이를 발견했다. (…)

법원은 판결에서 두 경찰관의 행위에는 정당화나 변명의 여지가 없다면서 이들의 형사 책임을 인정했다.

그러나 법원은 피고에게 유리한 '중대한 감형 사유'가 있다고 보았다. 판결문은 특히 피고의 목적이 아이의 생명을 구하기 위함이었음을 강조했고, 심문 과정에서 있었던 범인의 도발 행위, 급박했던 당시의 상황, 수사관들을 짓누른 정서적 압박, 그리고 사건에 쏟아진 대중의 관심 등의 영향도 언급했다.

한다면, 공공의 안전에 용인할 수 없는 위협이 될 것이다.

오늘날 관료들이 쉽사리 고문을 지시하지 못한다는 점은 분명하다. 판사들도 고문을 정당화하는 논증을 내놓지는 못한다. 이는 그저 고문이 인권법으로 금지되기 때문만이 아니다. 분명 여기에는 더욱 근본적인 이유가 있다. 정확히 어째서 고문을 절대적으로 금지해야 하느냐에 대해서는 고문을 바라보는 시각에 따라 다양한 답이 가능하다. 어떤 이들에게는 다른 인간을 그토록 명백히 비인간적으로 대하는 행위는 그 자체로 혐오스럽고 용납 못할 일이다. 다른 이들이 보기에 고문은 인간을 서로에게서 보호해주는 유의미한 법의식 및 사회제도의 존재를 부정하는 행위다. 또한 많은 사람들은 (설령 당장은 다른 생명을 구하기 위한 예방적 조치로서 약간의 일시적 고통을 가하는 쪽으로 무게가 기운다 해도) 일단 고문이 허용되기 시작하면 모든 재소자에 대한 일반적 관행으로 확산될 소지가 있고, 결과적으로는 고문에 의존해서라도 지키고 보호하고자 했던 사람들을 향한 증오와 폭력이 오히려 증폭될 터이기에, 어떠한 상황에서든 고문을 피하는 것이 현명한 길이라고 본다. 그러나 이 모든 논거로도 약간의 거친 방식(혹은 고문)을 동원하면 다른 생명을 구할 수 있다고 믿는 이들을 설득하기는 어렵다. 우리가 앞서 확인했듯이, 실제로 일부 법체계는 타인의 생명을 지킨다는 명목으로 그런 부정한 짓을 저지르는 이들을 보호할 방편을 마련해놓았다.

정치인과 (당연한 이야기이지만) 고문 프로그램의 책임자들은 고문 피해자의 안위와 다른 생명을 구할 가능성을 균형 있게 다루어야 옳다는 태도를 보여왔다. 그러한 접근은 고문에 대한 절대적 금지를 요구하는 현대적 인식과 부합하지 않는다. 사실 고문의 무조건적 금지가 얼마나 잘 준수되는지는, 우리가 인권의 기저에 깔린 가치들에 대해 얼마나 강한 신념을 가졌는지를 드러낸다. 나는 궁극적으로 민주주의와 인간의 존엄성, 이 둘을 향한 확고한 의지가 고문에 대한 무조건적 금지를 유지하는 힘이라고 본다. 정치철학자 스티븐 루크스(Steven Lukes)의 말을 빌리자면,

> 고문은 은폐의 악과 폭력—특히 자신을 방어할 수 없는 이들에 대한 폭력—의 악이 맞물린 이중의 악이다. 은폐는 민주주의에 반하며, 우리가 집단적 판단에 이르는 것을 막는다. 폭력은 자유에 반하며, 무엇보다도 인간의 존엄성을 침해한다.

최근에는 고문으로 얻은 증거의 사용을 금지하는 이차적 규정이 여러 차례 논란의 중심으로 떠올라, 고문 등의 학대를 근절하려는 우리의 의지가 과연 얼마나 확고한지를 가늠

케 한다. 이미 언급했지만 이제 누구도 고문으로 얻은 증거로 테러나 납치 피의자에게 유죄를 선고할 수 있으리라고 기대하지는 않는다. 논란이 된 문제는, 고문으로 얻은 정보를 테러 피의자의 유죄 판결이 아닌 구금 상태 유지에 사용할 수 있느냐였다. 2005년 말 영국 상원(2009년 이전까지는 대법원의 기능도 담당했다)은 고문으로 얻은 증거는 테러 피의자 구금의 적법성을 심사하는 절차에 사용될 수 없다는 기념비적인 판결을 내렸다.

법정 바깥에서 일어나는 일들에 관해서는 여전히 견해차가 존재한다. 어떤 이들은 안보 기관이나 고위 경찰의 경우 공공 안전 유지에 필수적일 수도 있는 그런 정보를 사용할 수 있어야 한다고 주장한다(상자 25). 고문으로 얻은 정보라고 해서 그 어떤 것이든 그 누구라도 사용할 수 없도록 금하는 것은 목숨이 걸린 상황에서는 비현실적이라는 것이다. 하지만 내가 보기에 이런 주장은 고문 등의 비인도적 대우를 조장할 뿐이다. 유럽 인권재판소도 (이 장에서 앞서 소개된) 고문 협박에 굴하여 희생자의 위치를 자백하고 유죄 판결을 받았던 독일 법대생이 제기한 소송을 다루면서 이 문제를 파고들어야 했다. 그는 자신이 고문과 비인도적 취급을 당했을 뿐만 아니라 자신에 대한 독일 법원의 판결도 고문으로 얻은 정보에 근거한 것이므로 부당하다고 주장했다. 재판소는 협박이 비인도적 대

상자 25 얼스페리의 로저(Rodger of Earlsferry) 대법관의 'A와 관계자 대 내무 장관' 사건 의견서(2005년)

고문으로 얻은 정보는 신뢰성이 떨어질 수 있다. 그러나 고문 수사관과 그 상관은 종종 믿을 만하고 가치 있는 정보를 얻기도 한다. 그래서 여전히 그들이 존재하는 것이다. 슬픈 일이긴 하지만, 게슈타포는 고문으로 얻은 정보를 바탕으로 레지스탕스 조직을 색출해 조직원들을 몰살할 수 있었다. 나치 점령지로 파견되는 요원들은 고문에 못 이겨 그들의 임무나 접선자에 관한 중요한 정보를 발설하는 일이 없도록 미리 자살용 독극물을 지급받았다. 요컨대 고문 기술자가 인류의 적으로서 지탄받는 이유는 그가 정보를 끌어내는 수단이 야만적이기 때문이지 그 정보가 믿을 만하지 않아서가 아니다.

본 항소에서 전술된 사항은, 유엔의 「고문방지협약」 등 국제법상의 의무 사항에도 불구하고 일부 국가는 여전히 고문을 시행하고 있다는 것이다. 더 나아가, 그렇게 고문으로 얻은 진술에 근거한 정보가 영국의 안보 기관에 제공되어 테러 모의를 적발하는 데 유용하게 쓰일 수 있고, 또 내무 장관이 테러방지법(2001년) 제21절에 따른 테러 피의자 확인서를 발급할 때에도 그런 진술을 포함한 자료에 의지해야 할 경우가 있다는 것이다.

이 소송에서 국제 앰네스티를 비롯한 여러 참가인을 대리하는 스타머(Starmer) 칙선변호사(Queen's counsel)는, 내무부가 그런 진술에 의존하는 것은 진술을 얻어낸 수단인 고문을 묵과하는 것이나 다름없으므로 잘못이라는 견해를 밝혔다. 그런 입장은 일관성이라는 큰 미덕을 지닌다. 하지만 그 일관성을 위해 치르는 대가가 너무나 크다. 내무 장관이 잠재적 공격으로부터 이 나라의 국민을 보호하는 데 실패하여 정부의 최우선적 의무를 다하지 못할 수 있기 때문이다.

상자 26 유럽 인권재판소의 '게프겐 대 독일' 사건 판결(2010년)

비인도적 대우를 통해 얻은 진술에서 확보한 물증이 배제되지 않은 점은 사실이지만, 이는 원고에 대한 유죄 판결과 형량에 영향을 끼치지 않았다. 원고의 방어권과 자신에게 불리한 진술을 하지 않을 권리 역시 존중되었으므로, 재판은 전체적으로 공정했다고 보아야 할 것이다.

우에 해당한다는 데 동의했고, 수사관들에 대한 처벌이 가벼웠다는 점에서 독일에 책임이 있음을 인정했다. 그러나 원고에 대한 독일 법원의 판결이 부당하다고 보지는 않았다. 재판관들은 학대를 통해 얻은 정보가 재판에서 일체 배제되도록 하는 것이 학대를 근절할 요긴한 방법임을 잘 알고 있었다. 하지만 다수인 11명의 재판관은, 비인도적 대우가 유죄 판정이나 형량에 영향을 끼친 경우와 그런 '인과적 고리가 단절된' 경우를 구분하는 것이 가능하다고 보았다. 그들은 해당 재판의 경우 학대로 얻은 증거가 유죄 입증에 사용되지 않았고, 따라서 공정했다고 판결했다(상자 26). 소수인 6명의 재판관은 그런 판결이 퇴행적이며 학대 문제를 가벼이 여기는 처사라는 의견을 냈다(상자 27).

상자 27 유럽 인권재판소의 '게프겐 대 독일' 사건 소수 의견 (2010년)

법치에 근간한 사회는 직접적으로든 간접적으로든, 혹은 다른 방식으로든, 「유럽 인권협약」 제3조에서 절대적으로 금지하는 (비인도적) 대우를 용인하거나 승인하지 않는다. (…) '인과적 고리의 단절'이나 그 밖의 어떠한 지적 구성물(intellectual construct)로도, 협약 제3조를 위반하여 얻은 증거가 형사 절차에서 인정될 때 발생하는 본질적 부당함을 덮을 수는 없다.

고문 국가로의 이송

마지막으로, 고문의 실제적 위협이 있는 국가로의 이송을 금지하는 규정을 살펴보자. 여기서도 마찬가지로 원칙에 대한 보편적 합의는 존재하지만, 적용 차원에서 이를 무마하려는 힘이 작용한다. 망명 신청자들은 본국으로 되돌아가면 고문을 당할 것이라고 호소하지만, 출입국 관리 당국은 제시된 증거를 미심쩍어하고, 고문 가능성을 의심하며, 고문을 하지 않겠다는 상대국의 '외교적 확약'을 거론한다. 몇몇 잘 알려진 사례들은 외교적 확약을 신뢰하는 관행이 인권 침해로 이어져 왔다는 인권 단체의 깊은 우려를 뒷받침한다. 다음은 유엔 고문방지위원회가 '아기자(Agiza) 대 스웨덴' 사건에 내린 결정문의 한 구절이다.

(13.4) 우선 위원회는, 이집트에서 수감자들에 대한 지속적이고 광범위한 고문을 활용한다는 사실과 정치 · 보안상의 이유로 수감된 이들은 그런 학대를 받을 위험성이 특히 더 크다는 사실을, 진정인을 송환하던 시점에 스웨덴 당국이 인지하고 있었거나 인지했어야 한다고 판단한다. (…) 더욱이 아무런 이행 기제를 수반하지 않는 외교적 확약의 확보는, 그같은 명백한 위험에 대해 충분한 보호책이 되지 못했다.

유엔 인권고등판무관 루이즈 아버(Louise Arbour)는 2005년 인권의 날을 맞아 고문에 관한 성명서를 내고, '외교적 확약' 관행을 지목해 비판했다.

외교적 확약의 효용에 대해서는 여러 가지 이유에서 회의적일 수밖에 없다. 고문당할 위험성이 없는 경우라면, 확약은 불필요하고 중복적이다. 고문당할 위험성이 있다면, 그런 확약이라는 것이 과연 얼마나 효과적이겠는가? 사형을 선고하거나 집행하지 않겠다는 확약은 감시하기 쉽지만, 고문과 학대의 경우는 그렇지 않다고 본다. 매우 치밀하고 고도화된 감시, 이를테면 송환자에 대한 24시간 비디오 관찰 같은 것이 가능하지 않는 한, 고문당할 위험이 완전히 사라지도록 보장해줄 수단은 거의 없다. 수감된 이들이 여럿이라면 감시단과의 개별 면담에서 익명으로 고문 사실을 알릴 수도 있겠지만, 수감자가 단 한 명이고 '감시단'이 떠난 후에도 자신을 괴롭히는 이들의 통제를 벗어나지 못하는 상황이라면, 사실을 밝히기 어려울 것이다.

제 5 장

생명과 자유의 박탈

지금까지는 절대적인 권리들, 즉 제한이나 예외가 없고 단서도 붙지 않으며 다른 권리들과 균형을 맞출 필요도 없는 권리들을 살펴보았다. 제노사이드, 인도에 반한 죄, 노예제, 고문은 국제범죄로서 어느 때나 금지되며 대개는 해당 행위가 발생한 곳이 어디든 그 국가에 의해 처벌된다. 이와 다르게 이번 장에서 살펴볼 권리들은, 잘 정의된 정당한 목적을 달성하기 위해 법률로써 제한될 수 있다. 예를 들어, 법원의 적법한 유죄 판정을 받은 사람은 수감되어 자유에 제약을 받을 수 있다. 표현의 자유 역시 절대적이지 않다. 붐비는 극장 안에서 '불이야'라고 소리치는 행위는 처벌 대상이다. 우리는 모두 자유로이 정보를 주고받을 권리를 누려야 하지만, 영업 기밀이나 군사 기밀을 유출하는 행위는 정당하게 제한될 수 있다. 유명인의 사진은 많은 독자의 흥미를 자극하겠지만, 개인의 사생활 보호를 위해 어떤 이미지의 공개는 제한될 수 있다. 인터넷상에서 누군가에 대한 정보에 접근할 권리는 새로이 등장한 소위 '잊힐 권리'와 충돌한다. (이 새로운 권리에 관해서는 제6장에서 더 자세히 살펴보겠다.)

그렇다면 그런 맥락에서 '권리'를 이야기한들 무슨 의미가 있을까? 구금되지 않을 권리는 당국이 구금을 정당화할 때 사라져버린다. 출판의 권리도 그것이 누군가를 불쾌하게 할 때 사라져버린다. 한 손으로 주고 다른 손으로 빼앗는 격이다. 하지만 인권의 틀은 변함없이 적용 가능하며 또 유용하다. 인권 접근법은 인간이라면 누구나 자유, 공정한 재판, 표현, 신념, 집회, 결사, 재산에 대한 권리를 가진다는 전제에서 출발한다. 그리고 이 권리들을 제한할 때는 반드시 인권법에서 발달한 4단계 절차(제6장 '비례성' 부분에서 자세히 논하겠다)에 따라 그 정당성이 검증되어야 하는데, 핵심은 권리를 제한하는 정도가 그 제한을 통해 추구하는 목적에 비례해야 한다는 것이다. 자유의 제한이 반드시 음험하거나 나쁜 것은 아니다. 누구도 유죄가 입증된 범죄자의 자유를 박탈하는 데 이의를 제기하지 않는다. 그러나 그런 상황에서도 인권 접근법은, 우리가 일단은—공정한 법적 절차에 따라 구금의 필요성이 입증되지 않는 한—그 개인에게 자유를 누릴 권리가 있다는 전제에서 출발해야 함을 이해하게 한다.

생명권

구금 문제는 이 장 후반부에 다시 살펴보기로 하고, 먼저 생명권으로 이야기를 시작해보자. 아마도 생명권은 일견 절대적인 권리로 보일 것이다. 하지만 조금만 더 생각해보면, 생명의 박탈을 초래하는 고의적 행위라고 해서 반드시 인권 침해에 해당하는 것은 아니라는 사실이 분명해진다. 흉기를 휘두르는 범인과 맞닥뜨린 경찰은 자신이나 타인의 생명을 구하기 위한 정당방위 차원에서 총을 쏘아야 할 때가 있다. 그러나 덜 위급한 상황에서는 문제가 복잡해진다. 국가가 테러 용의자를 특정해 암살하는 것은 정당화될 수 있는 행위인가? 그간 인권 재판소가 다룬 소송 중 수십 건이 군경의 무력 사용이 상황에 비해 과도했다는 주장과 관련된 것이었다. 일반적인 원칙은, 차단하려는 위험에 비추어 그에 '비례'하는 물리력을 사용해야 한다는 것이다. 유엔의 '법 집행관의 물리력 및 화기 사용에 관한 기본 규정'에 따르면,

법 집행관은 목숨을 잃거나 심각한 상해를 입을 급박한 위험으로

부터 자신이나 타인을 방어할 때 외에는 사람에 대하여 화기를 사용할 수 없다. 이는 오직 생명을 심각하게 위협하는 매우 중대한 범죄 행위를 막거나, 그런 행위를 저지를 위험이 있으면서 법 집행관의 권위에 저항하는 자를 체포하거나, 그런 자의 도주를 막으려는 목적으로만 허용되며, 또한 덜 극단적인 수단으로는 그러한 목적을 달성할 수 없을 때에만 허용된다. 어떤 경우든 고의적이고 치명적인 화기 사용은 생명을 보호하기 위하여 도저히 불가피한 때에만 가능하다.

이 명료한 비례성의 원칙이 최근 들어 훼손될 위험에 처해 있다. 일부 정부가, 무장 강도나 인질극 대처시에 적합한 규정을 전혀 다른 맥락, 즉 국가에 대한 공격을 막기 위한 선제적 자기방어 활동의 영역에까지 적용하려 들기 때문이다. 이를 위해 그들은 때로 어휘를 조정하고 개념을 통제한다. 당면한 상황은 '법 집행'이 아닌 '범지구적 전쟁'이 되고, 생명의 보호는 국가의 보호로, 급박한 위협은 지속적 위협으로 이해되며, 범죄자는 국제 테러리스트 혹은 '불법적인 적 전투원'이 된다. 물론 전시의 살상을 다루는 규정도 있다. 하지만 그런 규정의 세부 사항은 대개 두 국가 정규군의 교전을 염두에 두고 작성되었다. 그런 상황에서는 심지어 내전중이라 할지라도 누가 군인이고 무엇이 민간인 시설인지를 비교적 뚜렷이 식별할 수 있다. 따라서 그런 일반적인 전시 규정을 앞세워 개별 테러리스트를 겨냥하는 문제는 논란을 불러일으킨다. 어떤 이들은 표적이 된 그 개인이 테러 공격에서 (그것이 아직 발생하지는 않았다 해도) 모종의 역할을 담당함을 국가가 입증하는 한 무방하다고 주장한다. 그렇다면 여기서 또다른 물음이 제기된다. 어떤 종류의 역할을 말하는 것일까? 폭탄을 직접 설치하는 사람이어야 할까, 아니면 망을 보는 사람도 해당할까? 테러범이 그 임무를 수행할 수 있도록 자금이나 은신처를 제공하는 사람은 어떠한가?

이러한 논란이 첨예하게 부각된 것은, 드론을 사용해 전장 밖에서 표적을 살해하는 정책 때문이다. 드론은 그 편이성으로 인해 다른 방식의 병력 투입이 지나치게 위험하거나 까다로운 상황에서 사용 빈도가 갈수록 높아지고 있다. 현재의 생산 판매 속도로 보아 드론은 향후 수년간 꾸준히 사용될 것으로 예측된다. 드론 등 '무인항공기'가 다른 대안에 비해 적중률이 높고 해당 지역을 점령하고 있지 않은 상황에도 투입이 용이하다보니, 무인항공기를 사용한 표적 살해는 전통적인 무력 충돌 상황을 넘어선 새로운 환경에서 발생하고 있다. 그러나 아직은 무인항공기를 사용해 (전장에서 전통적으로 그러했듯) 표적의 투항을 받고 그들을 억류할 수는 없다. 대테러작전이 드론 공습으로 수행되는 한, 생포는 더는 대안이 될 수 없다는 말이다.

앞서 지적했듯이, 미국이 적용한다는 규정은 기존의 관련 법 범주들—각각 법 집행관이 임박한 살해를 막고자 치명적 물리력을 사용할 수 있는 때, 국가가 다른 국가의 군대에 맞서 무력을 사용할 수 있는 때, 그리고 전시에 군대가 군사적 목표물을 겨냥할 수 있는 때에 적용되는 규정들—사이의 경계를 흐린다. 누가 어떤 근거로 표적이 되느냐에 대한 투명성 부족은 커다란 사회적 우려를 낳고 있다. 미국 행정부의 관련 정책은 백악관 사실보고서와 유출된 공식 백서를 통해 드러났다(상자 28). 이들 문서로 인해 마음이 놓인 사람도 일부 있겠지만, 여전히 남아 있는 중요한 물음들을 우려하는 사람들도 있다—얼마나 임박해야 임박한 위협인가? 합리적 대안이란 어떤 것인가? 비전투원(non-combatant)이란 정확히 어떤 사람인가? 이와 연결된 또다른 문제들도 있다—드론은 누가 조종하는가? 누군가를 제거 대상 명단에 올리는 결정은 누가 내리는가? 드론 공습은 그저 더 많은 새로운 전사/테러리스트를 불러오지 않겠는가?

놀랍게도 이와 같은 법적 정당화에 인권이나 인간의 존엄성에 대한 언급은 전혀 없다. 그 이유는 아마도 해당 법리에 의존하는 일부 정부들이 전장이란 인권을 따질 장소가 아니고 모든 살상은 전시법으로 다루어야 한다고 보기 때문일 것

상자 28 백악관 사실보고서, 「미국 및 교전지역 외부에서의 대테러 작전시 무력 사용의 기준과 절차」

정책적으로 미국은 테러 피의자의 생포가 가능한 때에는 치명적인 물리력을 사용하지 않는다. 테러리스트의 생포가 유의미한 정보를 수집하여 테러 음모를 교란하고 무력화시킬 최선의 기회를 제공하기 때문이다.
치명적인 물리력은 오직 미국인에 대한 공격을 막거나 중단하기 위해서만, 그리고 그렇더라도 오직 생포가 불가능하고 위협에 효과적으로 대처할 다른 합리적 대안이 없을 때에만 사용하도록 한다.
교전 지역 바깥에서 치명적인 물리력을 사용하는 것은 오로지 다음 경우에만 가능하다.

첫째, 그에 대한 법적 근거가 있어야 한다. 이는 물리력 사용의 대상이 테러 조직을 움직이는 고위 지도자인 경우나, 혹은 조직이 테러 공격에 투입하고 있거나 그럴 의도가 있는 병력인 경우나 마찬가지다.
둘째, 미국인에게 지속적이고 임박한 위협을 가하는 대상에게만 치명적인 물리력을 사용한다. 모든 테러리스트가 미국인에게 지속적이고 임박한 위협을 가하지는 않는다. 미국은 그러한 위협을 가하지 않는 테러리스트에게 치명적인 물리력을 사용하지 않는다.
셋째, 치명적인 군사 행동을 취하기 전에 다음 기준이 반드시 충족되어야 한다.

1) 목표로 하는 테러리스트가 현장에 있다는 준(準)확실성
2) 비전투원*의 살상이 없으리라는 준확실성

3) 작전 시점에 생포는 불가능하다는 판단

4) 작전 지역으로 고려중인 국가의 정부 당국이 미국인에 대한 위협을 효과적으로 해결할 능력이나 의지가 없다는 판단

5) 미국인에 대한 위협을 효과적으로 해결할 다른 합리적 대안이 없다는 판단

*비전투원은 관련 국제법에 따라 공격 대상이 될 수 없는 개인을 지칭한다. 무력 충돌 쌍방의 일원인 개인, 교전에 직접 참여하는 개인, 또는 국가의 자위권 행사를 위해 공격 대상이 되는 개인은 비전투원으로 간주하지 않는다. 군복무 연령의 남성이라도 비전투원일 수 있다. 표적 인물 주변의 모든 군복무 연령 남성을 전투원으로 간주하지는 않는다.

유출된 미 법무부 백서, 「미국 시민을 겨냥한 살상 작전의 적법성에 관하여」

미국의 고위 관료는, 예를 들어 어떤 개인이 알카에다 및 관련 조직의 군사 지도자로서 미국에 대한 테러 모의에 직접적이고도 지속적으로 참여할 경우, 그 사람을 미국에 대한 폭력적 공격의 '임박한 위협'을 가하는 인물로 판단할 수 있다. 또한 이 알카에다 조직원이 최근 미국에 대한 폭력적 공격의 임박한 위협을 가하는 활동에 참여한 적이 있고, 그가 그런 활동을 저버리거나 단념했다고 보게 할 증거가 없다면, 그 사람이 미국에 대한 알카에다의 계속된 테러 작전에 참여하고 있다는 사실은 그가 임박한 위협을 가한다는 판단을 뒷받침할 것이다.

상자 29 무력 충돌시에 생명권을 보호하는 국제법

1. 국가가 자기방어를 위해 무장 공격에 대응하는 경우: '전체적으로 보아 이때 사용되는 물리력은, 그 공격을 피하거나 끝내는 데 필요한 정도에 비추어 과도해서는 안 된다'.
2. 사태가 무력 충돌 수준으로 확대된 경우: '민간인은 교전에 직접 참여하지 않는 한, 혹은 그럴 때까지는 공격받지 아니한다'.
3. 무력 충돌시에 '구체적이고 직접적인 군사적 기대 이익에 비추어 과도한 부수적 민간인 살상 및 민간 시설 파손 혹은 그것들의 조합을 초래할 가능성이 있는 공격'을 감행하는 것은 금지된다.

이다(무력 충돌과 관계된 세 가지 규정은 상자 29에 정리되어 있다). 더 나아가 어떤 정부는 그들이 나라 밖에서 작전을 수행할 때는 인권 의무를 지지 않는다고 주장한다. 하지만 그러한 논리는 인간은 누구나 빠짐없이 **가치**를 지니므로 존중되어야 한다는 생각과 부합하지 않는다. 해당 인권법에 관한 상세한 연구 보고서에서 필립 올스턴(Philip Alston) 유엔 특별보고관은, 무력 충돌의 상황을 제외하면, 치명적 물리력은 '생명을 구하는 데 절대적이고 직접적으로 필요한 경우에만 합법적'임을 재확인했다.

구금

인권 운동 단체는 정치적 활동이나 의견 표출을 이유로 구금된 사람들에 꾸준한 관심을 기울여왔다. 제1장에서 쿤데라가 솔제니친에게 부여한 상징성을 떠올려보라. 국제 앰네스티는 1961년 포르투갈 학생 2명이 공공장소에서 자유를 위해 건배했다는 이유로 유죄를 선고받고 징역 7년에 처해진 사건을 계기로 영국의 피터 베넨슨(Peter Benenson) 변호사가 벌인 국제적 사면 운동에서 출발했다. 그는 주간지 〈옵서버〉에 「잊힌 수인들Forgotten Prisoners」이라는 제목의 글을 기고해 '사면 탄원(Appeal for Amnesty)' 캠페인의 출범을 알렸다(그림 12). 기사에는 수감자 6명—콘스탄틴 노이카(Constantin Noica: 루마니아 철학자), 애슈턴 목사(Reverend Ashton: 미국 시민운동가), 아고스티뉴 네투(Agostinho Neto: 포르투갈에 수감된 앙골라 시인), 프라하의 베란 대주교(Archbishop Beran), 토니 암바티엘로스(Toni Ambatielos: 그리스 노동운동가), 헝가리의 민젠티 추기경(Cardinal Mindszenty, 부다페스트 주재 미국 대사관으로 피신)—의 사진이 실렸고, 스페인과 남아프리카의 다른 수감자들도 소개되었다. '사면 탄원' 캠페인은 네 가지 목표를 세웠다. 첫째, 정치적 견해를 이유로 수감된 이들의 석방을 위해 좌우 편향 없는 노력을 기울인다. 둘째, 그들이 공정한 공개재판을 받을 수 있도록 힘쓴다. 셋째, 비호 받을 권리(right of

THE OBSERVER WEEKEND REVIEW

London, Sunday, May 28, 1961 21

ON BOTH SIDES of the Iron Curtain, thousands of men and women are being held in gaol without trial because their political or religious views differ from those of their Governments. Peter Benenson, a London lawyer, conceived the idea of a world campaign, APPEAL FOR AMNESTY, 1961, to urge Governments to release these people or at least give them a fair trial. The campaign opens to-day, and "The Observer" is glad to offer it a platform.

The Forgotten Prisoners

12. 〈옵서버〉(1961년 5월 28일)에 소개된 '사면 탄원' 캠페인이 일으킨 엄청난 사회적 반향은 결국 국제 앰네스티의 창설로 이어졌다.

asylum)를 확대하고 정치적 망명인의 구직을 돕는다. 넷째, 의사 표현의 자유를 보장할 효과적인 국제적 체제의 수립을 촉구한다.

그후로 국제 앰네스티는 활동 영역을 넓혔고, 이제는 '모든 사람이 세계인권선언과 그 밖의 인권 문서에 명시된 모든 인권을 누리는 세상'을 그들의 비전으로 제시한다. 하지만 그 시작은 잊혀가던 수인들을 위한 회원 기반 운동에 대중적 지지를 호소하는 캠페인이었다. 이는 냉전 시기 인권 의식의 확산을 설명할 때 빠지지 않는 대목이다.

종종 '양심수'나 '정치범'으로 불리는 수감자들은 그때나 지금이나 인권 캠페인과 집회의 변함없는 주제다. 그런 사람들을 가두는 것은 기본적 자유를 포괄적으로 무시하는 정권의 전형적 특징으로 인식된다. 그들은 정치적 의견을 표명하거나 민주적 권리를 요구했다는 이유로 체포되며, 그들에 대한 재판은 공정한 재판의 기본 요소—무죄 추정, 자신이 선택한 변호인의 조력을 받을 권리, 독립적인 판사 앞에서 증거를 반박할 기회—를 심각하게 결여한다.

좀더 최근에는 미국 CIA가 다른 국가들과 공조하여 운용하는 비밀 구금 및 특별 인도(rendition) 프로그램이 논란의 중심으로 떠올랐다. 비밀 구금은 개인을 사법 제도 바깥에 둠으로써, 자유의 임의 제한과 고문을 막고자 지난 수십 년에 걸쳐 마련된 인권 보호책으로부터 그들을 차단할 목적으로 고안되었다. 가장 생생한 몇몇 세부 사항은 여전히 기밀로 남아 있지만, 이미 유럽 인권재판소는 이 프로그램에 동참한 유럽 국가 두 곳에 유죄 판결을 내렸다(아래 인용과 상자 30 참조). 다음은 2014년 '알 나시리(Al Nashiri) 대 폴란드' 사건에서 유럽 인권재판소가 내린 판결문 일부다.

> 테러 피의자의 비밀 구금은 CIA 특별 인도 프로그램의 핵심 요소였다. 기밀 해제된 CIA 문서에서 확인되듯이, 그러한 프로그램이 도입된 목적은, 고문과 강제 실종을 막기 위한 모든 법적 보호책과 임의 구금을 막기 위한 미국 헌법과 국제법상의 모든 안전장치들—적정한 시일 안에 판사 앞에서 재판을 받을 권리 혹은 인신보호청원권이 그 하나다—을 피의자에게서 박탈하기 위함이었다. 이를 위해 프로그램 전체가 미국 법원의 관할권 밖에서, 그리고 절대 기밀을 보장해줄 조건하에 운용되어야 했으며, 따라서 해당 국가의 협력을 얻어 해외에 구금 시설을 갖추어야 했다.

우리가 정치범이나 법적 보호를 박탈당한 테러 피의자에 집중할 때 생기는 문제 중 하나는, 자유를 빼앗긴 이들 전반에 대한 더욱 큰 그림을 잠시 놓친다는 점이다. 현재 전 세계 수

상자 30 유럽 인권재판소의 '엘 마스리(El-Masri) 대 마케도니아 공화국' 사건 판결

원고는 2004년 1월 23일, 수갑을 차고 눈가리개가 씌워진 채 호텔에서 납치되어 스코페(Skopje) 공항으로 옮겨졌다. 그는 그곳의 한 방에 감금되었고, 얼굴을 가리고 검은 옷을 입은 몇몇 남자에게 심한 구타를 당했다. 또한 옷이 벗겨진 채 물체를 사용한 항문삽입을 당했다. 그들은 그에게 성인용 기저귀를 채우고 진청색 반소매 운동복을 입혔다. 족쇄를 채우고 두건을 씌우고 모든 감각을 차단한 다음, CIA 전용기(보잉 737기, 등록번호 N313P)가 있는 곳까지 걸어가게 했다. 비행기는 마케도니아 보안 요원들로 둘러싸여 있었고, 이들은 비행기 주변의 출입을 통제했다. 비행기에 오른 원고는 넘어뜨려져 사슬로 바닥에 묶였고, 강제로 진정제를 투여당했다. 그는 그 상태로 바그다드(이라크)를 거쳐 카불(아프가니스탄)로 이송되었다. (…) 재판소는 그같은 대우가 「유럽 인권협약」 제3조에서 금지하는 고문에 해당한다고 본다. 피소국은 해당 조항에 따른 원고의 권리를 침해한 직접적 책임이 있는 것으로 간주되어야 한다. 피소국 요원들이 원고에 대한 그러한 대우가 용이해지도록 적극적으로 지원했으며, 또한 본 사건의 상황에서 그러한 대우가 발생하는 것을 막는 데 필요했을 그 어떤 조치도 취하지 않았기 때문이다.

감자의 수는 천만을 웃돈다. 이들은 '사회에서 환영받지 못하고', '주변부로 밀려났으며', '자기방어 능력이 없는' 사람들이다. 엄청난 수의 재소자들이 인권 기준에 현저히 미치지 못하는 환경에 처해 있다. 〔런던 소재 비정부 기구인〕 국제형사개혁(Penal Reform International)에 따르면,

> 대부분의 교도소에서 재소자들은 국제 기준이 권고하는 최소 공간 요건에 미치지 못하는 과밀 공간에서 하루 중 (모든 시간은 아니더라도) 최장 23시간을 지낸다. 심한 경우 그들은 잠잘 순번을 정하거나 서로의 몸 위에서 잠을 청하기도 하며, 침대를 공유하거나 심지어 선 채로 잠을 자고자 스스로 창살에 몸을 묶기도 한다.

구금에 관한 논의를 마무리하면서 기억할 점은, 개인의 자유는 오직 필요한 만큼만 제약될 뿐, 체포나 유죄 선고와 함께 완전히 소멸하지 않는다는 사실이다. 실제로 구금 당국은 모든 구금에 대해 그 필요성을 계속해서 재평가하도록 요구받는다. 이러한 자유권의 일환으로, 구금된 사람에게는 당국에 구금의 법적 근거를 판사 앞에서 설명하도록 요구할 권리, 즉 인신보호청원권이 있다. 이 원칙은 '하베아스 코르푸스(habeas corpus)'라는 라틴어 표현으로도 알려져 있는데, 본래 이 말은 과거에 어떤 이유에서든 다른 사람을 구금한 자가 반드시 피구금인을 판사 앞에 세우고 자유의 박탈에 대한 법적 정당성을 설명하도록 군주의 이름으로 의무화했던 일종의 사법적

구제책을 일컫는 말이었다. 이 역사적인 구제책이 이제는 국제법에 반영되어 있다. 「시민적 · 정치적 권리 규약」 제9조 제4항은 이렇게 규정한다.

> 체포나 구금에 의하여 자유를 박탈당한 사람은 누구든지, 법원에 의해 그 구금의 합법성을 지체 없이 판단받아 구금이 합법적이지 않은 경우에는 석방을 명령받을 수 있도록 법적 절차를 제기할 권리를 가진다.

신체의 자유와 안전에 관한 유엔 인권위원회의 일반주해(General Comment, 2014) 35번은 이렇게 설명한다.

> 〔규약 제9조 제4항의—저자주〕 이 권리는 공식 조치 또는 공식 재가에 따른 모든 구금에 적용되며, 여기에는 형사 절차와 관련된 구금, 군사 구금, 보안 구금, 대테러 구금, 비자발적 입원, 출입국 관리 구금, 피의자 인도를 위한 구금, 그리고 아무런 근거 없는 체포가 포함된다. 또한 부랑자나 약물 중독자의 구금, 법과 마찰을 빚은 미성년자의 교육 목적 구금, 그 밖의 행정적 구금에도 이 권리가 적용된다. 제4항에서 말하는 구금에는 가택 연금과 독방 수감도 포함된다.

제 6 장

권리 간의 균형: 표현의 자유와 사생활

지금까지 우리는 인권이 개인의 자유와 공동체의 집단적 이익 사이에서 균형을 맞추는 일이라는 주장과 거리를 유지해왔다. 고문, 생명권, 수감자의 권리, 공정한 재판에 관한 논의에서는 그러한 주장이 적절치 못하다. 다수의 사람은 평화롭고 안전한 삶에 대한 그들의 이익이 우선시되기를 바라겠지만, 기본적으로 인권이란 모든 개인의 삶을 존중하는 것이며, 이는 더욱 가혹한 처사가 정당하다는 것이 다수의 의견일 때에도 마찬가지다.

이제 살해, 고문, 특별 인도, 자유의 임의적 박탈 같은 문제를 떠나, 실제로 권리에 대한 제약이 가능한 때가 언제인지를 판단하기 위한 공식을 알아보자. 이번 장에서 우리가 살펴볼 권리들은 관련 국제 인권법에 따라 이미 제약 가능성을 내포하고 있다. 다만 이 제약은 반드시 (이를테면 국가 안보, 공공질서, 혹은 타인의 권리 보호 같은) **정당한 목적**을 달성하는 데 **필수적**이고 **비례적** 조치를 재가하는 기존의 **접근 가능**한 법에 근거해야만 한다.

표현의 자유

인권에 비례적인 제약을 가하고자 할 때는 우리가 옹호하고자 하는 근본적 가치에 어느 정도의 무게를 부여할 것인지를 반드시 고려해야 한다. 결국 권리에 부여하는 무게가 그 권리에 대한 제약이 적절한지를 결정해줄 것이다. 표현의 자유가 수행하는 특별한 역할을 생각해보자. 우리가 불쾌하거나 모욕적인 말이라도 보호하는 것이 중요하다고 여기는 이유는, 사상에 대한 도전과 권위에 대한 의문이 가능할 때 인류의 진보가 온다는 인식 때문이다. 누군가를 괴롭히거나 폭력을 선동하는 발언은 제한해야겠지만, 이 원칙이 토론과 비판적 질의를 억누르기 시작하면 문제가 된다. 표현의 자유에 부여하는 가치는 맥락에 따라 다양하지만, 많은 경우 이 자유는 우리 생활의 모든 영역에서 민주주의와 토론을 돕는 기능적 가치로 인해 특권적 지위를 지닌다. 표현의 자유에 부여되는 특

상자 31 피터 태첼(Peter Tatchell), 「혐오 발언이 죄여야 하는가?」

영국에서 그리스도교와 이슬람교의 몇몇 거리 전도사들이 혐오 발언으로 체포되었다. 동성애는 비도덕적이며 동성애자들은 지옥에 간다고 한 말이 문제가 되었다. 나는 그들의 의견에 동의하지 않지만, 그들을 기소하는 데는 반대한다. 그들의 발언은 기분을 상하게 해도 혐오를 담지는 않았다. 그들은 자신의 의견을 윽박지르거나 위협하는 어조로 표현하지 않았다.
자유로운 의사 표현은 민주 사회를 대표하는 특징 중 하나다. 그것은 오직 극도로 부득이한 상황에서만 제약되어야 한다. 못마땅하고 불쾌한 의견을 불법화하는 것은, 검열과 열린 토론의 봉쇄로 향하는 지름길이다. 또한 편협한 사람을 순교자로 만들 위험이 있고 혐오 발언에 대한 진정한 해결책인 교육과 이성적 토론에 쏠려야 할 관심을 분산시킨다는 점에서 오히려 역효과를 낳는다. 혐오 발언은 항의하고 비판할 대상이지, 불법화할 대상이 아니다. (…)
나는 이슬람 극단주의자의 동성애 혐오와 성차별주의가 나치의 사고방식과 다를 바 없다고 말했다가 체포당했다. 어떤 젊은이는 사이언톨로지를 위험한 사이비 종교로 비방했다가 체포당했다. 두 경우 모두 종교적 혐오 범죄를 저질렀다는 죄목에서였다.

별한 가치를, 노벨 문학상을 받은 이집트 소설가 나기브 마푸즈(Naguib Mahfouz)는 이렇게 설명했다. "표현의 자유에 관해서라면, 나는 이미 그것을 신성하게 여겨야 하며, 생각은 그와 반대되는 생각으로만 교정될 수 있다고 말한 바 있다." 동료 소설가 살만 루슈디(Salman Rushdie)를 겨냥한 살해 협박과 관련해 그가 1989년에 쓴 글에 나오는 문장이다.

물론 혐오 발언과 관련한 기소는 종교적 소수자의 인권을 보호하거나 평등을 보장한다는 차원에서 옹호될 수 있다. 그렇더라도 그런 조치가 비판적 견해와 지적인 토론을 억압할 위험성은 상존한다(상자 31).

인터넷은 우리에게 새로운 과제를 안긴다. 첫째, 인터넷은 견딜 수 없을 정도로 잔인하게 약자를 괴롭히는 경로가 되고 있다. 그로 인한 비극적 결과들은 각국의 관계 당국이 인터넷상의 조롱, 괴롭힘, 스토킹에서 오는 트라우마로부터 아동과 성인을 보호할 방법을 마련하게 했다. 그러나 형사 기소는 비례적일 수도, 그렇지 않을 수도 있다. 영국에서 나온 지침은 다음과 같다.

> 맥락이 중요하며, 검찰은 소셜미디어상의 양방향 대화가 일어나는 맥락이 그 밖의 의사소통이 일어나는 맥락과 매우 다르다는 점을 고려해야 한다. 소셜미디어상에서는 대화 내용에 대한 즉각적 접근이 언제 어디서나 가능하다. 장난, 농담, 불쾌한 언사가 일상적이며, 대개 즉흥적으로 발생한다. 몇몇 사람끼리 주고받은 말이 수백만 명에게 퍼질 수 있다.

이와 유사한 측면에서 페이스북, 트위터 등 소셜미디어의 부상은 인터넷 발행사의 책임과 권한이 무엇인지를 재고하게 했고, 또한 자신의 의견을 '개인 계정'에 공개적으로 게재한 직원에 대해 고용주가 어떤 조치를 취할 수 있을지를 생각하게 했다. 이런 문제와 관련한 판단에서는 반드시 그 맥락이 고려되어야 하며, **비례성**(proportionality) 개념은 자유의 제약이 인권 침해가 되는 때를 판단하는 데 도움을 준다.

둘째, 새로운 기술은 정부 기관 등이 개인에 관해 훨씬 더 많은 정보를 수집할 수 있게 해준다. 일부 정보는 일반적인 범죄나 특수한 테러 협박에 대처하는 데 매우 중요하지만, 이런 정보가 수집되는 방법에 관해 최근 밝혀진 사실들은 인권의 일부로서 사생활을 보호할 필요성에 대한 열띤 토론을 촉발했다. 벤 에머슨(Ben Emmerson) 칙선변호사는 특별보고관 자격으로 유엔 총회에 제출한 '인권과 대테러 활동에 관한 보고서'에서 이렇게 말했다.

> 통신 사찰은 국가가 테러 행위나 그 밖의 중대 범죄를 수사, 예방, 처벌하는 데 필요한 귀중한 정보를 제공한다. 현재 대부분의 국가는 유무선 통화 감청을 통해 개인의 위치를 파악하고, 휴대폰 위치 분석으로 이동을 추적하고, 문자 메시지를 읽고 저장할 능력을 갖추고 있다. 정보기관이나 법 집행 기관은 특정 개인을

> 집중 감시함으로써 그 사람의 온라인 활동을 파악하며, 관련 데이터베이스와 클라우드 설비에 침투해 저장된 정보를 추출한다. 갈수록 더 많은 국가가 악성 소프트웨어로 개인의 컴퓨터나 스마트폰을 해킹해 설정을 무효화하고 활동을 감시하고 있다. (…) 「시민적 · 정치적 권리 규약」 제17장에 따른 국가의 의무에는, 전자 통신의 프라이버시와 보안을 존중할 의무도 포함된다. 원칙적으로 이는 개인이 자신의 통신 내용이 오직 의도된 수신인에게만 도착해 그 사람에게만 읽히리라는 점을 알고, 그로써 안심하고 자신의 정보와 생각을 국가의 간섭 없이 다른 이들과 공유할 권리를 가진다는 의미다. 이 권리는, 접근 가능하고 정밀하며 규약의 요건에 부합하는 국내법에 의해서만 제한될 수 있다. 또한 그러한 제한 조치는 정당한 목적을 추구해야 하며, 필수성과 비례성이라는 기준을 충족해야 한다.

사생활 보호

사생활에 대해 생각할 때, 우리는 인권의 중심에 놓인 근본적 쟁점과 마주할 수밖에 없다. 흔히들 '유구한' 사생활의 권리가 최근 들어 공격을 받고 있다고 생각하지만, 사생활 개념이 어디서 왔는지는 그리 분명치 않다. 그 기원을 찾아보면, 사생활은 전통적인 헌법상의 권리가 아님을 알게 된다. 18세기 혁명가들의 요구 중에 사생활 보호는 없었다. 사실 사생활 보호는 〔사생활을 침해당했을 때 느끼는〕 분노나 당혹감 같은 정서에 반응하는 가운데 그때그때의 필요에 따라 임시변통으로 발전해온 듯하다. 인권법에서 사생활 존중은 일종의 부수적 권리로 기능한다. 사생활이 아니라면 존엄성, 주거 공간, 통신, 성적 지향, 정체성, 가정 등에 대한 존중에 기대었을 이런저런 주장들을 사생활의 권리가 뒷받침해주는 셈이다.

사생활의 권리는 그 한도를 뚜렷이 설정하기가 어렵다. 사생활 보호에 대한 기대치 변화나 범죄 및 테러와 관련한 정부 활동의 강화를 고려해야 할 뿐 아니라, 존중해야 할 타인의 인권과 충돌하는 지점도 살펴야 하기 때문이다. 사생활의 권리는 그것이 다른 누군가의 표현의 자유나 정보권을 과도하거나 비합리적으로 제한하지 않는 선까지는 유효하다 할 것이다. 하지만 우리가 소유 기반의 권리 개념(이 경우 사생활의 권리는 이를테면 개인의 초상이나 인격을 보호하는 정도에 그칠 것이다)에서 벗어나 개인과 가족의 삶에 대한 현대적 관점을 취할 때, 사생활권의 범위를 설정하는 작업은 더욱더 까다로워진다. 이는 물론 사생활이라는 개념 자체의 힘, 즉 변화하는 기대치에 부응하고 (데이터 저장, 통신 해킹, 이메일/웹사이트 방문/통화에 대한 대규모 감시, 디지털 이미지, 유전자 식별 등과 관련된) 기술적 발전에 대응해가는 힘을 반영한다.

오늘날의 사생활 보호에는 적어도 다섯 가지 측면이 있다. 첫째, 관찰당하고 싶지 않은 바람이 있다. 알몸 수색, 구금, 의료적 상황, 몰래카메라, 기타 형태의 감시와 관련한 권리들이 이로부터 발생한다. 둘째, 자신에 관한 정보나 초상이 유포되는 것을 (특히 그러한 정보가 알려지는 것이 난처하거나 불리할 수 있다면 더더욱) 제한하고픈 바람이 있다. 셋째, 제삼자의 도청이나 감시 없이 타인과 소통하고픈 욕구가 있다. 초창기 인권 조약들에 포함된 '통신'(correspondence, 당시에는 서신 교환 정도로 이해되었다) 보호 규정은 이제 그 해석의 범위가 확장되어 감청, 해킹, 통화 종류의 감시, 고용주의 직원 이메일 감시 같은 사안에도 적용될 수 있다. 넷째, 우리의 신체적 · 정신적 안녕도 보호가 필요하다. 발달한 사생활 보호법은 가정 폭력, 성적 학대, 체벌, 환경적 위해로부터 개인을 보호한다. 다섯째, 타인의 통제 없이 개인의 인격을 형성할 자유가 확보되어야 한다. 성, 정체성, 인간관계와 관련된 선택들이 자유롭지 못할 때, 우리는 자신의 인격을 온전히 발달시키지 못할 것이다. 이런 맥락에서, 국제 인권 조약은 합의에 의한 동성애 행위를 범죄로 규정하는 법을 폐지하기 위한 운동에 성공적으로 활용돼왔다.

사적 영역을 인권 보호로부터 차단하려는 시도

하지만 사생활에는 이와 다른 측면도 있다. 사생활 개념은 법 집행 기관의 개입으로부터 여성 폭력 문제를 차단하는 구실로 동원되곤 했다. 또한 가사도우미의 채용이나 동호회 및 협회의 운영에서 발생하는 인종 차별을 정당화하는 핑계가 되기도 했다. 정부의 간섭으로부터 자유로운 사적 영역이라는 개념으로 인해 배우자 강간, 아동 학대, 여성할례 같은 문제는 인권 의제로 인식되지 못했고, 그런 문제를 다루는 것은 곧 사생활 침해로 여겨졌다.

이런 현상은 공법(公法)과 사법(私法)을 분리하는 통념으로 인해 더욱 심해졌다. 상당수 법체계가 (인권 보호법을 포함한) 공법은 정부 당국과 관계된 문제들을 규율하고 사법은 정부와 무관한 사적 주체들 간의 분쟁을 규율한다는 사고 위에 성립되었다. 그렇다보니 사적 영역에서 일어나는 문제는 공권력이 간여할 일이 아니라는 말이 종종 나온다. 이 논리에 따르면, 사적 영역의 문제는 인간의 존엄성과 관계된 것이라 해도 국가의 개입이나 인권법의 도움으로 바로잡을 수가 없다. 이렇게 인권 보호에서 사적 영역이 배제되는 경향을 더욱 심화시킨 요인은, 국제 인권법이 주로 각종 조약에 의해 (그 조약에 동의한) **국가**에 부과된 의무들을 숙고하는 과정을 통해 발달했다는 데 있다. 국제 인권 재판소나 위원회가 대체로 조약 당사국 정부를 상대로 한 제소나 진정만을 다루다보니, 인권 침해 사건 자체가 정부의 개입이 있어야만 성립된다는 그릇된 인식이 생겨났다. 사적 영역에서의 인권 침해는 국제 인권법으로 규율할 문제가 아니라거나, 혹은 아예 인권 문제로 볼 수 없다는 견해가 팽배했다.

그러나 이제 상황이 바뀌었다. 첫째, 인권 조약에 따라 설립된 국제기구들이 정부의 의무에 대한 해석을 넓혀, 사인(私人)이나 기타 비국가 주체에 의한 공격으로부터 개인의 권리를 보호할 의무도 인정하기 시작했다. 이를 흔히 적극적 의무, 상당한 주의(due diligence) 의무, 또는 보호 의무라고 일컫는다. 1980~90년대에 나온 일련의 판례와 보고서에서 이러한 변화를 확인할 수 있다. 둘째, 1990년대 이후 국제 형사법 분야의 발전에 힘입어, 국제법 위반에서 개인의 책임 문제가 두드러졌다. 사실 국제사회가 대처해야 하는 가장 극악한 잔학 행위 중에는 정부 차원의 개입과 전혀 무관하게 발생하는 것들이 있다. 반군 집단이 저지르는 강간, 고문, 민간인 대량 학살 등이 명백한 예다. 이제 그런 비국가 행위자에게도 일정한 인권 의무가 있다는 주장이 힘을 얻고 있다. 실제로 유엔 인권위원회는 2014~15년에 특별 회의를 소집하고 IS가 저지른 조직적인 인권 침해와 유린, 그리고 보코하람의 '중대한 국제 인권법 위반'을 가장 강력한 언어로 규탄했다. 셋째, 여기서 한

걸음 더 나아가, 그 밖의 비국가 행위자, 이를테면 유엔과 북대서양조약기구(NATO, 그들의 평화유지군 활동과 관련하여), 세계은행이나 국제통화기금(IMF) 같은 국제 금융 기관, 다국적 기업을 비롯한 다양한 형태의 사업체, 모든 유형의 정당, 종교 집단, 요양원, 노동조합, 동호회, 협회 등도 인권 보호의 의무를 띠는 것으로 간주되기 시작했다.

전통적인 공/사 분리 개념이 공적 영역으로부터 가정과 가족의 문제를 배제하는 결과로 이어지면서, 그런 이분법과 그것이 여성 및 여권에 끼치는 영향에 대해 면밀한 페미니즘적 관점의 비판이 제기되었다. 사적 영역의 억압이 공공의 정치적 문제로 다루어지게 하려면 반드시 공/사 분리를 폐기해야 한다는 주장이 제기되기도 한다. 하지만 이 문제의 해결책은 사생활의 권리를 (그것이 그동안 얼마나 남용되었든) 폐기하는 것이 아니다. 사생활권에 대한 주장은 자신의 몸, 성생활, 개인 정보, 사적 통신 등에 대한 일정한 통제를 확보하는 데 효과적인 수단이 되고 있다. 바른 방향은, 여성들의 주장을 진지하게 받아들이고 인권이 사적인 영역에도 적용됨을 인정하는 것이다.

사생활과 다른 가치들 사이의 균형

사생활의 권리와 그에 경합하는 권리인 표현의 자유 사이의 균형 찾기는 분명 맥락을 (어쩌면 문화까지도) 고려해야 하는 작업이다. 인권 존중은 표현의 자유를 보호하는 것이지만 동시에 사생활의 권리를 보호하는 것이기도 하다. 그렇다면 어떤 선택을 내려야 할까? 여기서 우리는 인권 접근법이 단순한 도로 규정이나 교통 법규처럼 작동하지 않는다는 사실을 인정할 수밖에 없다. 사람들의 판단은 심지어 법관들 사이에서도 얼마든지 다를 수 있고, 다시 말하건대 모든 것이 맥락에 달려 있다. 하지만 얼마 전 유럽 인권재판소는 (적어도 재판소가 다루는 사건들에 한하여) 사생활 보호 차원의 출판 제재가 가능할지를 판단하기 위한 자체 기준을 마련했다. 이 기준이 적용된 최근의 사건은 핀란드 총리의 옛 파트너가 쓴 책과 관련된 것이었다. 재판소는 아무런 공적 역할이 없는 개인과 달리 정치적 인물에 관해서는 정보 공개의 필요성이 크다는 점을 반복해서 강조했지만, 문제는 두 사람의 성생활에 관한 상세한 정보까지 출판되어야 하느냐는 것이었다. 결국 재판소는 그런 정보의 출판에 대해서는 형사 소추를 통한 정당한 제재가 가능하다고 판결했다. 재판소가 적용한 기준은 아래의 상자 32에 나와 있다.

소음을 비롯한 각종 공해로부터도 사람들을 보호할 수 있도록 사생활 개념이 확장되었다는 사실은 사생활을 절대적 권리로 여길 수 없음을 더욱 분명히 하며, 사생활권 향유에 대

상자 32 유럽 인권재판소의 '루수넨Ruusunen 대 핀란드' 사건 판결

정치인에 대해서는 사인에 대해서보다 더 넓은 범위의 비판이 허용된다. 후자와 달리 전자는 불가피하게, 또한 의식적으로 자신의 말과 행동을 언론과 일반 대중의 면밀한 관찰에 드러내며, 따라서 그 결과에 대해서는 더 큰 포용력을 보여야 한다. (…) 대중의 시선에 노출된 사람들의 경우도 이와 다르지 않다. (…) 그러나 대중에 널리 알려진 인물이라 할지라도, 때에 따라서는 자신의 사생활이 보호되고 존중되리라는 '정당한 기대'를 가질 수 있다. (…) 재판소는 사생활을 존중받을 권리와의 균형을 위해 표현의 자유를 제한할 때 고려할 만한 몇 가지 기준을 선별했다. (…) 그것들은 다음과 같다.

(1) 공공성 있는 논의에 기여하는 바
(2) 해당 인물의 인지도, 글의 주제
(3) 해당 인물의 전력
(4) 정보를 입수한 방법과 정보의 진실성 및 사진이 찍힌 정황
(5) 출판물의 내용, 형식, 파급 효과
(6) 제재의 강도

한 제약이 정당한지를 판단하는 작업이 얼마나 복잡한지를 짐작게 한다. 2001년 영국 히스로 공항 인근 주민들이 유럽 인권재판소에 소송을 제기했다. 1심에서 주민들은 공항에서 발생하는 야간 소음으로 인해 그들의 거주 공간과 사적 생활,

가정생활을 존중받을 권리의 실질적 향유가 부당하게 제약되었음을 재판관들에게서 인정받는 데 성공했다(5대 2). 그러나 이례적으로 중요한 사건들을 최종 심리하는 대재판부(Grand Chamber)는, 주민들의 권리와 항공 서비스를 이용하거나 경쟁력 있는 영리사업을 추구할 다른 이들의 권리(이는 나라의 '경제적 안녕'을 위해 필수적이라고 간주되었다) 사이에서 영국 정부가 적절한 균형을 잡았다고 판결했다(12대 5). 소수 의견 재판관들은 다음과 같은 이유에서 양자 간에 적절한 균형이 이루어지지 않았다고 보았다.

> 환경 공해를 해소해야 할 급박한 필요성은 인권 보호와 긴밀히 연결되어 있으며, 이 점은 우리로 하여금 건강을 인간에게 필요한 가장 기본적인 요건이자 우선적인 문제로 인식하게 한다. 이 사건에서처럼 비행기 엔진 굉음이 연속적으로든 단속적으로든 밤낮없이 집을 뒤흔드는 경우, 집안의 사생활과 관계된 인권은 무엇을 의미하겠는가?

이제 최근 주목받고 있는 '잊힐 권리'를 사생활권의 한 측면으로서 잠시 살펴보자. 인터넷에 올라간 특정 이야기나 이미지가 영원히 나를 따라다닐 거라는 생각은 당연히 고통스럽다. 그러나 만약 묘사된 사건이 사실이라면, 경합하는 권리인 인터넷 사용자의 정보 접근권은 어떻게 되는 걸까? 인터넷 발행사의 자유로운 표현의 권리는 어떠한가? 이른바 '구글 스페인 사건'은 인터넷 검색 결과에서 자신에 관한 신문 기사가 삭제되기를 요구한 한 남자의 사례다. 그 기사는 남자의 사회보장보험 채무 변제를 위해 진행된 경매에 관한 것이었다. 요즘에는 검색 엔진에 이름만 입력해도 누군가에 대한 상호 연관된 정보들을 너무나 많이 얻을 수 있기 때문에, 거기서 나오는 전체적인 그림은 그에 대한 사생활 침해에 이를 우려가 있다. 유럽 사법재판소는 신상 정보와 사적 생활을 보호받을 그 남자의 권리를 인정했고, 검색 엔진(여기서는 구글)에 대해서는 검색 결과로 나타나는 데이터가 개인에게 얼마나 민감한지를 사례마다 살피고 이를 그 정보에 접근함으로써 얻어지는 공공의 이익과 견주어 삭제 여부를 판단하도록 명령했다. 비록 이 판결에서는 인터넷 사용자의 권리보다 사생활을 보호받을 권리에 더 힘이 실렸지만, 재판부는 '해당 데이터 주체가 공적 생활에서 수행하는 역할에 따라' 정보 접근에서 오는 공공의 이익에 편차가 있으리라는 점을 덧붙였다. 이 판결 후 첫 4개월 동안 구글은 47만 개 링크에 대해 13만 5천 건의 삭제 요청을 받았다.

비례성

지금까지 우리는 경합하는 가치들 간의 균형을 위해 권리의 제한이 가능함을 표현의 자유와 사생활권을 통해 살펴보았다. 집회 및 결사의 자유나 종교적 표현의 권리를 살펴보아도 유사한 긴장 관계가 존재한다. 종교 문제는 제8장에서 다시 다루기로 하고, 우선은 인권을 제한하는 실제적 절차를 간략히 제시하겠다. 여기서 핵심은 흔히들 느슨하게 '비례성 테스트'라 일컫는 개념을 이해하는 것이다. 이는 제약 가능한 모든 인권에 대해 그 제한의 정도를 설정할 때 공통으로 사용되는 개념으로, 추구하는 목적에 비추어 그에 비례하는 수준의 제한만을 허용한다는 것이다. 어떤 인권에 대한 제약이 그 권리에 대한 정당한 제한에 해당하는지를 판단하는 결정권자는 다음과 같이 요약되는 4단계 절차를 밟을 의무가 있다.

- 이 제약에 정당한 목적이 있는가?
- 이 제약은 접근 가능한 명확한 법으로 규정되는가?
- 이 제약은 확인된 정당한 목적에 비례하며 민주 사회에서 필수적인가?
- 자의적인 제약을 막는 보호 장치가 존재하는가?

따라서 인권 접근법은 우리에게 단순한 표어 이상의 것을 제공한다. 그것은 개인의 자유를 제약하는 정부에 그러한 조치를 정당화하는 타당한 목적을 제시하도록 요구하며, 또한 그 정당화가 개인이 접근할 수 있는 명확한 법에 근거할 것과, 그 제지가 주어진 상황에서 비례적이며 필수적일 것을 요구한다.

제 7 장

식량, 교육, 건강, 주거, 노동

"인권은 아침 식사에서 시작된다." 레오폴 상고르(Léopold Senghor) 전 세네갈 대통령의 이 경구는 큰 반향을 일으켰다. 때로 이 말은 식량권 등의 몇몇 권리들이 제대로 확보된 뒤에야 비로소 투표권 같은 사치나 표현의 자유 같은 특권을 바라볼 수 있다는 주장의 일환으로 이해된다. 실제로 많은 사람이 소위 '부른 배 테제(full belly thesis)'를 받아들인다. 이에 따르면, 정치 참여, 임의 구금, 표현의 자유, 사생활 등과 관련한 시민적 · 정치적 권리로 옮겨가기 전에, 생존에 필요한 식량과 물에 대한 권리가 먼저 확보되어야만 한다. 이러한 주장은 (적어도 정부 수준에서는) 과거만큼 우세하지는 않다. 오늘날 모든 정부는 다양한 종류의 권리들 사이에 어떠한 우선순위도 있을 수 없다는 점을 (대개의 경우) 인정한다. 오히려 다양한 종류의 권리들은 서로를 강화한다고 여겨진다. 더 나은 영양, 건강, 교육은 정치적 자유와 법치의 진전으로 이어지며, 마찬가지로 표현과 결사의 자유는 식량, 건강, 노동의 권리를 보호하기 위한 최선의 의사 결정을 끌어낼 수 있다. '모든 이에게 모든 권리'를 보장하려는 열의를 뒷받침하는 이러한 논리에도 불구하고, 무엇이 '진정한' 인권이냐에 대한 전통적 가정들은 끈질기게 남아 있다. 여전히 우리는 인권 단체들이 경제적 · 사회적 권리에 한눈을 팔아서는 안 되고 심지어 그런 것들은 애초에 권리가 아니라고 말하는 평론가들을 어렵지 않게 찾아볼 수 있다(상자 33).

아마도 이런 접근 뒤에는 경제적 · 사회적 권리가 합리적 선택과 경제적 효율에 방해가 된다는 생각이 숨어 있을 것이다. 하지만 인권을 표현의 자유와 공정한 재판 같은 문제로 한정하려는 사람들은, 오늘날 우리에게 가난과 질병이—그것이 우리 자신이 아닌 다른 사람들을 괴롭힐 때도—얼마나 큰 관심사인지를 지나치게 간과하는 듯하다. 어쨌거나 찰스 바이츠(Charles Beitz) 같은 정치철학자는 전통적이고 역사적인 자연권 이론에 기대어 인권을 정의하는 것은 부조리하다고 보았다. 현실은 인권과 관련한 국제사회의 실천이 만드는 것이며, 현재 이러한 실천에는 경제적 · 사회적 권리를 보장하려는 노

상자 33 〈이코노미스트〉(2007년 3월 24일), 「마음을 빼앗는 새 권리가 아니라, 낡고 진부한 권리를 위해 일어서라」

권리는 좋은 것이므로, 더 많은 권리를 옹호할수록 더 바람직하리라 생각할 수도 있겠다. 표현의 자유, 자유로운 선거, 적법 절차 같은 낡고 진부한 정치적 권리뿐 아니라 긴급한 사회경제적 문제까지도 다룰 수 있다면 더 좋지 않을까? 굶주리는 사람에게 투표가 무슨 소용이겠는가? 일자리, 주거, 의료, 식량의 확보 역시 기본적인 권리 아닌가? 그렇지 않다. 진정으로 보편적인 권리는 몇 안 되며, 그 수가 늘어나면 오히려 힘은 약해질 것이다.
식량, 일자리, 주거는 물론 반드시 필요하다. 그러나 그것들을 '권리'라 부른다고 해서 어떤 유용한 목적이 달성되는 것은 아니다. 정부가 공정한 재판 없이 사람을 가두었다면 피해자, 가해자, 구제책이 꽤 명료하다. 이러한 명료성은 사회적·경제적 '권리'에서는 거의 찾아보기 어렵다. 누가 혹은 어떻게 구제책을 제공해야 하는지는 고사하고, 과연 권리 침해가 있었는지조차 판단하기가 어렵다. 누구에게 어떤 과목을 얼마 동안 어느 정도의 세금을 들여 교육해야 하는가는 정치적인 질문으로, 투표로 결정하는 것이 최선이다. 어떤 종류의 의료 서비스에 얼마만큼의 비용을 들여야 하는지도 마찬가지다. 인간이 아는 그 어떤 경제 시스템도 모든 사람에게 언제나 적절한 일자리를 보장하지는 못한다. 소련이 그토록 자랑하던 완전 고용은 '그들은 돈을 주는 척하고 우리는 일을 하는 척한다'는 원리로 지탱되었을 뿐이다.

상자 34 C. R. 바이츠, 『인권의 개념The Idea of Human Rights』

때로 인권은 시간을 초월하는 — 즉, 어느 시대 어느 장소에서나

→

합당하게 요구될 수 있는 — 보호 장치로 설명된다. 그러나 이런 설명은 국제 인권 강령의 내용과 양립하기 어렵다. 인권을 통해 차단되는 많은 위협(이를테면 불공평한 보수, 교육 기회 및 의료 서비스의 부족, 국적 상실 등)은 근대화를 이루었거나 이루고 있는 사회에서 특징적으로 발생하는 문제들이다. 말하자면 그것들은, 전통적인 '자연 상태' 이론에서 물리적 폭력(assault)이 그랬듯이 그런 일반적인 위협이 아니다. 더구나 특정한 제도 — 이를테면 법치, 공직 선거, 세금을 부과하고 복지를 제공하는 공적 역량, 적어도 기초적인 행정 체계 — 가 이미 도입되었거나 그렇게 되리라는 가정을 밑바탕에 두어야만 이해되는 인권들도 있다. 오늘날의 인권 강령은 시대를 초월하여 중요한 보호 장치들을 규정하기 위한 것으로 보기 어렵다. 그것은 대체로 오늘날의 삶의 조건이라 일컬을 만한 것에 관해 말하고 있다.

력이 포함된다(상자 34).

오늘날 국제관계에서 인권을 좁게 해석하는 전통적 견해가 명시적으로 옹호되는 일은 드물다. '인권'이라는 말은, 고문이나 노예제, 임의 구금으로부터 보호받을 권리 등 시민적 · 정치적 권리뿐 아니라 경제적 · 사회적 · 문화적 권리도 포괄한다. 1948년 세계인권선언의 표현을 그대로 빌리자면,

> 모든 사람은 의복, 식량, 주거, 의료 및 필요한 사회 복지 등으로 자신과 가족의 건강과 안녕을 유지하기에 적절한 생활수준을 누

릴 권리와, 실업, 질병, 장애, 배우자 사망, 노령, 또는 기타 불가항력으로 인한 생계 결핍의 경우에 보장을 받을 권리를 가진다.

이제 국제사회의 이견은 다음 두 가지 측면에서 발생한다. 하나는 경제적 · 사회적 · 문화적 권리의 집행을 위한 적절한 기제에 관한 것이고, 다른 하나는 이들 권리의 정확한 범위에 관한 것이다. 범위 해석의 문제에 앞서, 집행과 관련해 제기되는 문제를 살펴보자.

주된 우려는, 경제 사회 정책을 가장 잘 결정할 수 있는 이들은 법관이 아니라 정책 입안자들이라는 것이다. 자신의 결정에 민주적으로 책임을 지게 되어 있는 후자와 달리, 전자는 비선출직인데다 한정된 자원을 우선순위에 따라 배분하는 데 필요한 전문 지식도 없다(상자 35). 의료 분야만 해도, 어떤 이들에 대한 치료가 한정된 자원에 불합리한 부담을 끼치는 경우, 의료 당국과 병원은 부득이하게 그런 치료 행위를 거부할 수 있다. 하지만 경제적 · 사회적 · 문화적 권리의 집행에서 사법부의 역할이 더욱 강화되어야 한다고 보는 쪽은, 시민적 · 정치적 권리를 보호하는 데에도 자원에 얽힌 의사 결정이 필요하기는 매한가지라고 지적한다. 재소자들에게 인간적인 환경을 제공하기 위해서도 자원이 필요하고, 자유롭고 공정한 선거를 위한 제반 여건을 마련하는 데에도 돈이 든다는 것이

상자 35 C. 기어티(Gearty), 「사법 집행에 대한 반론Against Judicial Enforcement」

법원은 (사회적 권리의 보장을 포함한) 모든 사회 정책의 밑바탕이 되어야 할 실증적 데이터와 미래 동향 예측 자료를 제출받아 평가하기에 적합한 곳이 아니다. 이러한 판단은 법원의 역량 부족에 따른 의구심에 기인하기도 하지만. (…) 그보다는, 외견상으로는 더없이 그럴듯해 보이지만 사실 법원에는 그런 문제를 결정할 권한이 없다는 사실에 근거한다. 즉, 법원은 그런 문제를 결정하기에 적절한 곳이 아니며, 법원을 적절한 곳으로 만들고자 재판 절차를 이리저리 (사회경제 데이터에 등에 관한 특별 보고, 비정부 기구의 권고, 제안된 판결의 사회적 파장을 예측하는 전문가 증언 등을 추가하는 식으로) 손보면 손볼수록 법관들은 점점 더 고위 행정관처럼 보일 테지만, 그들에게는 일반적인 민주적 요건, 즉 유권자가 부여하는 정당성과 공적 책무성이 결여될 거라는 말이다.

다. 그런데도 여전히 경제적 · 사회적 권리를 사법적으로 집행하는 것이 적절한가는 갈등을 부르는 주제다. 그렇다보니 판사들은 경제적 · 사회적 · 문화적 권리에 대한 판결을 내릴 때 입법부와 행정부의 역할을 지나치게 침범하지 않도록 주의를 기울여왔다. 예를 들어 남아프리카 공화국의 사법부는, 의료 서비스에 대한 접근을 제한할 때 그것을 정당화할 의무가 정부에 있음을 상기시키거나, 취약 계층을 위한 주거 대책을 마련하도록 정부에 촉구하는 선에서 판결을 내려왔다. 시민적 ·

정치적 권리의 경우와 마찬가지로, 사법부는 효과적인 법체계 속에서 권리의 향유와 보호가 가능하도록 정부의 입법 의무를 환기시킬 수 있다. 이제 몇몇 경제적 · 사회적 권리를 좀더 자세히 살펴보자.

식량

식량에 대한 권리가 있다고 해서 정부가 모든 사람에게 무상으로 식량을 제공해야 한다는 뜻은 아니다. 식량권이라는 말은 '식량 안보(food security)'와 관계된 좀더 복잡한 일련의 의무들을 함축하며, 여기에는 식량에 대한 접근을 보장하고 식량 부족이나 분배 문제에 대비하는 활동이 포함된다. 그중 가장 일차적인 의무부터 살펴보자. 정부는 우선 식량 안보를 저해하는 행위를 삼가고 국민들의 필요에 대비해야 한다. 특히, 부당하게 작물을 훼손하거나 농민을 강제 퇴거시킴으로써 식량권을 침해하지 않도록 해야 한다. 더 나아가, 식량에 대한 접근에 차별을 두어서는 안 된다. 이러한 일차적 의무들은 식량권을 **존중**할 의무에 해당한다.

이차적인 의무는 식량권을 **보호**할 의무다. 여기에는 개인의 식량권을 다른 행위자가 침해하지 못하도록 보호할 의무가 포함된다. 따라서 국가는 식품 안전을 확보해야 하며, 또한 경우에 따라서는 토지의 소유권이 그 토지와 문화적으로 긴밀히 연결된 이들, 이를테면 지역 원주민들에게 있도록 보장해야 한다.

삼차적인 의무는 **충족**, **조력**, **촉진**, 또는 **제공**의 의무 등으로 다양하게 표현된다. 한편으로 이는 고용 활성화, 토지 개혁, 운송 및 저장 설비의 개발 등을 통해 사람들에게 식량 확보에 필요한 자원을 제공함으로써 식량 접근성을 강화하는 것을 의미한다. 다른 한편으로 국가는 세계인권선언에 언급된 '실업, 질병, 장애, 배우자의 사망, 노령, 기타 불가항력으로 인한 생계 결핍' 상황(이 장 앞부분에 인용)에 처한 사람들의 기본적 필요를 충족시키기 위해 식량 등 사회 보장을 제공해야 한다.

종종 식량권의 하위 범주로 간주되곤 하는 '물에 대한 권리'는 최근 몇 년 동안 상당한 관심을 모았는데, 이는 세계화된 서비스 시장에 물이 편입된 것과 관계가 있다. 수도 등 공공서비스가 민영화되면서 물 권리와 관련한 문제가 점차 빈번히 제기되는 것이다. 특히 몇몇 다국적 기업의 가격 정책은 일부 인구를 시장 밖으로 몰아내고 그들의 물 권리를 박탈하는 결과로 이어진다는 비난을 받는다.

교육

교육권은 다른 권리들을 누릴 능력을 갖추게 하는 데 필수적이다. 정부는 학교를 폐쇄하거나 일부 학생을 차별하는 등의 교육권 침해 행위를 삼갈 의무가 있으며, 또한 초등의무교육을 모두에게 무상으로 제공함으로써 교육권을 충족시킬 의무가 있다. 강령 차원에서 교육권은 이른바 '4A' 기준—이용 가능성(availability), 접근성(accessibility), 수용 가능성(acceptability), 적응성(adaptability)—에 부합하도록 구성되었다. (학교 교육의 '3R' 요소, 즉 읽기reading, 쓰기writing, 산수arithmetic를 떠올리는 독자도 있을 것이다.)

첫째, 교육은 기능적인 의미에서 **이용 가능**해야 한다. 유엔 경제적·사회적·문화적 권리 위원회(UN Committee on Economic, Social and Cultural Rights)는 "악천후로부터 보호된 공간, 성별 위생 시설, 안전한 식수, 국내 기준으로 경쟁력 있는 급여를 받는 훈련된 교사, 교구재"가 제공되어야 한다고 규정한다. 유엔 전문가로 활동했던 고(故) 카테리나 토마셉스키(Katerina Tomaševski)는, 교육의 이용 가능성이 형식에 그치지 않고 유의미해지려면 학교가 실제로 아동들에게 매력적으로 느껴져야 한다고 지적했다. 학교는 형식적으로 남녀 아동 모두에게 열려 있어야 할 뿐 아니라, 실제로 그들의 학업이 유지될 수 있도록 적절한 관리 감독을 받아야 한다. 잘 훈련된 교사나 적절한 교재가 없다면 학생과 학부모는 제공된 시설을 이용할 동기를 찾지 못할 것이며, 결과적으로 정부는 초등의무교육을 모두에게 무상으로 제공할 의무를 다하지 못할 것이다.

둘째, 국가는 학교와 교과과정이 모두에게 **접근 가능**하도록 보장해야 한다. 여기에는 세 가지 차원이 있다. 첫째, 접근성은 **비차별**을 의미한다. 비차별은 국가에 즉각적으로 부과되는 의무다. 성 평등이나 취약 집단에 대한 차별 철폐를 위해 도입되는 적극적 우대 조치(affirmative action) 및 '한시적 특별 조치'는 필요 이상으로 오래 지속되지 않는 한, 비차별 규정 위반으로 간주되지 않는다. 여학생에 대한 차별은 여전히 심각한 문제다. 임신한 여학생은 퇴학당해 교육권을 침해받곤 한다. 더 나아가 일부 학부모는 딸의 교육에 대한 투자는 경제적으로 비합리적이라 여겨 아들의 교육을 우선시한다. 둘째 차원은 **물리적 접근성**이다. 이는 학교 건물의 구조로 인해 장애 아동이 배제되지 않아야 하며, 교육 기회가 지리적으로 가까운 위치에서 구현되어야 함을 의미한다. 셋째 차원은 **경제적 접근성**이다. 국제법은 초등 수준에서 무상 교육을 요구하는 한편, 중등 수준에서도 무상 교육으로의 점진적 이행이 일어나도록 (상대적으로 약하게) 의무화하고 있다. 따라서 우선순위는 무상 초등교육에 있더라도, 각국 정부는 중등교육과 고등교육까지도 무상으로 제공할 수 있도록 구체적인 노력을 기울여야 한다.

수용 가능성은 교육이 아동과 학부모에게 받아들여질 만한〔이를테면 아동의 인권과 학부모의 신념이 존중되는〕 방식으로 이루어져야 함을 강조하는 개념이다. 수용 가능한 환경은 기본적으로 물적 조건이 충족되고 폭력이 배제되는 환경이면서, 궁극적으로 아동의 성장과 학습을 가능케 하는 환경이다. 체벌은 아동의 권리에 대한 침해이며, 집단 괴롭힘 역시 인권의 관점에서 ('잔혹하거나 비인도적이거나 굴욕적인 대우'로) 다룰 수 있다.

교육권의 넷째 차원인 **적응성** 개념〔교육 시스템이 학생들의 변화하는 다양한 필요에 부응해야 한다는 개념〕은 교육에 대해 근본적인 질문을 던진다. 교육은 무엇을 위한 것인가? 그것은 누가 결정하는가? 교육의 초점이 (종종 선택적인) 상급 과정으로의 진학에만 맞추어진다면, 어떤 학생들은 이후의 삶을 제대로 준비하지 못할 것이다.

건강

건강권은 우리가 건강을 누릴 권리를 가지고 있다는 뜻이 아니다. 유엔 전문가 폴 헌트(Paul Hunt)의 정의에 따르면, 건강권이란,

국가와 지역의 시급한 건강 문제에 빠르게 대처하며 모든 사람에게 접근 가능한, 의료와 더불어 건강에 영향을 끼치는 기저 요인들도 포괄하는, 효과적인 통합 의료 시스템에 대한 권리다.

그는 **접근성** 기준에 비추어 다음과 같이 강조했다.

건강권은 의료 서비스가 모든 사람에게, 즉 부자뿐 아니라 가난한 이들에게도, 다수족뿐 아니라 소수족과 원주민에게도, 도시뿐 아니라 벽지 주민에게도, 남성뿐 아니라 여성에게도 접근 가능해야 함을 의미한다. 그 어떤 소외된 개인이나 공동체라도 의료 시스템에 접근할 수 있어야 한다.

유엔 경제적 · 사회적 · 문화적 권리 위원회는, 우리가 앞서 식량권과 관련해 살펴본 것과 동일한 3단계 의무, 즉 존중, 보호, 충족의 의무가 포함된 건강권 해석을 내놓았다.

첫째, **존중**의 의무는 국가가 건강권의 향유를 가로막는 조치를 취할 수 없음을 의미한다. 따라서 국가는 다음과 같은 (그러나 그에 국한되지 않는) 행위를 삼감으로써 건강권을 존중해야 한다. 1) 예방적 · 치료적 · 완화적 의료 서비스에 대한 모든 사람의 평등한 접근을 막거나 제한하는 행위, 2) 전통적인 예방책, 치료 행위, 약제의 사용을 금지하거나 저해하는 행위, 3) 안전하지 않은 약품의 유통, 4) 특정 치료법의 강제, 5) 피임제 등 성/생식 건강을 유지하는 수단에의 접근을 제한하는 행위, 6) (성교육과 성 정보 등) 건강 관련 정보를 검열하거나 독점하거나 고의로 잘못 전달하는 행위, 그리고 건강 관련 사안에 대한 사람들의 참여를 가로막는 행위.

둘째, **보호**의 의무는 적절한 의료 서비스를 누릴 권리에 대한 제삼자의 침해 행위를 국가가 차단할 것을 요구한다. 국가의 이러한 의무에는 다음과 같은 것들이 포함된다. 1) 제삼자가 제공하는 의료 및 의료 관련 서비스에 대해 평등한 접근을 보장하는 법규나 그 밖의 수단을 도입한다. 2) 의료 민영화가 의료 시설, 재화, 용역의 질과 이용 가능성, 접근성, 수용 가능성을 위협하지 않도록 보장한다. 3) 제삼자에 의한 의료기기 및 의약품 판매를 규제한다. 4) 제삼자가 여성할례와 같은 전통적 관습을 여성에게 강요하지 못하도록 막는다. 5) 모든 취약하고 소외된 사회 집단, 특히 여성, 아동, 청소년, 노인을 위한 보호책을 실시한다.

마지막으로, **충족**의 의무는 개인과 집단의 건강권 향유를 위해 국가가 적극적인 조치를 취할 것을 요구한다. 그러한 조치들에는 다음과 같은 것들이 있다. 1) 국가의 정치적 · 법적 시스템 안에서 건강권이 충분히 인정되도록 하며, 가능하면 법 제정을 통해 그렇게 하도록 한다. 2) 건강권 실현을 위한 상세한 계획이 포함된 국민 보건 정책을 채택한다. 3) 주요 전염성 질환에 대한 면역 접종 등의 의료 혜택을 제공한다. 4) 영양적으로 안전한 음식과 음용에 적합한 물, 기본적 위생 시설, 적절한 주거와 생활환경 등 건강을 결정하는 기저 요소들에 대한 평등한 접근을 모두에게 보장한다. 5) 의사를 포함한 의료 인력이 적절히 양성되도록 하고, 충분한 수의 각급 병원과 기타 의료 시설이 전국적으로 고르게 분포하도록 한다. 6) 누구나 감당할 만한 비용에 공공, 민간, 혹은 혼합형 의료보험 제도를 제공한다. 7) 의료 연구와 보건 교육을 촉진한다. 8) HIV/AIDS, 성/생식 건강, 전통적 치료법, 가정 폭력, 알코올 남용, 담배와 마약 등 유해 물질의 사용 등에 관한 정보 확산을 장려한다.

이 모두는 문서상으로는 완벽해 보인다. 그저 자율에 맡겨진다면, 대부분의 정부는 자국의 가용 자원을 고려하는 가운데 이 모든 목표를 점진적으로 달성하고자 최선을 다하노라 주장할 것이다. 그래서 헌트를 비롯한 전문가들은 지표(indicator)와 기준 목표(benchmark)를 활용한 책무 이행 도식을 개발했다. 개요는 이렇다. 첫째, 핵심 지표가 선정된다. 훈련된 의료 인력의 도움을 받는 출산의 비율은 하나의 지표가 될 수 있다. 이러한 지표는 필요한 경우 인종 등 적절한 항목에 따라 세분되어야 한다. 이 첫 단계에서 중요한 과제는, 모든 국내외 기관과 인권 단체가 상응하는 지표들에 집중하게 하는 것이다. 둘째 단계에서 정부는 일정 기간 안에 달성할 국가적 기준 목표를 설정한다. 정부가 다양한 국가적 기준 목표를 제안하면, 해당 조약 감시기구는 그 국가가 준수해야 할 국제적 의무에 비추어 목표를 승인하거나 조정한다. 마지막으로, 기준 목표의 달성도를 유엔 정기검토 석상에서 다양한 국제/국가 행위자가 점검한다. 이렇게 해서 진보나 퇴보가 확인되고, 필요한 경우 잘못이 시정된다. 그러나 아직까지는 인권 침해가 발생하더라도 그에 대해 법적 구제책을 강제할 길은 없다. 다만 이제는 건강이나 무역, 개발 등의 문제를 다룰 때에도 권리에 기초한 접근법이 사용되는 것만큼은 사실이며, 이런 접근법에서는 참여, 책무성, 비차별, 권한 부여, 국제적 법규범과의 연계 같은 개념이 강조된다.

건강권을 둘러싼 최근의 논란은 이 권리가 다국적 제약회사의 지적 재산권과 충돌한다는 인식에 기인한다. 국가는 각기 그 법제도에 따라 사회 복리를 증진하는 방향으로 지적 재산권을 보호할 의무가 있으나, 지적 재산권은 고문당하지 않을 권리 같은 절대적 인권이 아니다. 국가는 의약품 판매를 통해 향후 연구 개발에 쓰일 자금까지 충당하려는 기업의 입장과, 의료 혜택이 필요한 환자의 인권을 저울질해야 한다. 현재까지 이 사안은 경합하는 권리들의 경중에 대한 사법적 판단의 문제라기보다 정치적 의사결정의 문제로 남아 있다.

주거

앞서 우리는 개인의 건강권이 정부로부터 무제한의 자원을 요구할 권리를 의미하지 않음을 살펴보았다. 마찬가지로 스콧 레키(Scott Leckie)는 주거권에 관한 그의 핵심 저서를 시작하면서 이렇게 확언한다. "주거권 규범을 확립시킨 법률 문서들이 잘 가꾼 정원으로 둘러싸인 호화 저택에서 살 권리를 모두에게 보장하기 위해 작성된 것이 아님은 분명하다." 1948년 세계인권선언에 포함된 이래로 주거권은 **적절성**(adequacy) 개념을 중심으로 발달해왔다. 이 개념은 보금자리 공간의 최소 요건(머리 가릴 지붕)을 넘어, 주거권을 가진 개인들의 핵심적 필요들에 주목하게 한다. 주거권과 관련해서도 비평가들은 존중-보호-충족-제공의 틀을 이용해 국가에 부여되는 의무를 구체화한다. 아스비에른 에이데(Asbjørn Eide)는 이렇게 설명한다.

> 국가는 우선 강제 퇴거나 이주 조치를 삼감으로써 사람들이 스스로 마련한 주거 공간을 존중할 의무가 있다. 둘째, 국가는 제삼자에 의한 침해나 부당한 퇴거 조치로부터 기존의 거주권을 보호

해야 하며, 기본적인 주거의 질을 확보하는 데 필요한 규정을 마련해 시행해야 한다. 셋째, 국가는 제도적 장치를 활용하여 모든 사람이 적절한 비용에 집을 마련할 기회를 증진할 의무가 있다. 넷째, 예외적인 상황에서, 그리고 극히 취약한 집단을 위해서, 국가는 자력으로 집을 마련하지 못하는 개인이나 집단에 기본적인 주거 공간을 제공해야 한다.

주거권 분야에서 가장 큰 관심은 인권법에 정의된 '강제 퇴거' 상황에 대한 법적 · 절차적 보호 장치를 마련하는 일이다. 강제 퇴거의 전면 금지는 국가의 일차적인 의무다. 현재 주거권 보장 운동은 이 일차적인 의무에 초점을 맞추고 있으며, 특히 대규모 개발 사업과 관련해 역량을 집중하고 있다. 이는 세계은행과 경제협력개발기구(OECD)가 비자발적 이주와 관련한 가이드라인을 채택하는 데 영향을 주었다.

이같은 정교한 지침, 규범, 권고들은 각국 정부에 주거가 인권 문제임을 환기시키고 강제 퇴거를 막거나 중지시키는 데 어느 정도는 도움이 되었다. 하지만 상황이 그렇게 단순하지만은 않다. 사생활권 등 다른 권리들과 마찬가지로, 주거권은 다른 기본적인 권리 주장과 충돌한다. 인도 나르마다 댐 건설을 둘러싼 분쟁에서, 마을이 수몰 지구로 지정된 탓에 살던 곳을 떠나게 된 이들의 권리는, 물 부족에 시달리던 구자라트 지역 주민의 권리와 충돌했다. 인권에 호소한다고 해서 이런 딜레마가 해소되지는 않는다. 하지만 인권의 원칙은 정책 결정 과정을 평가하는 데 필요한 어휘를 제공한다. 이 사건을 판결한 인도 대법원의 다수 의견은 조심스러웠다. 그들은 어느 한 쪽의 권리 주장에 사법적으로 힘을 실어주기보다는 정부의 결정을 존중하기로 했다.

> 상충하는 권리들이 고려되어야 했다. 댐 건설은 한편의 사람들, 즉 구자라트 사람들에게는 유일한 해결책이었으나, 그 때문에 가옥과 농지가 수몰될 형편에 놓인 다른 편 사람들에게는 악재였다. (…) 정부가 적절한 고려와 충분한 숙고 끝에 결정을 내린다면, 법원은 그런 결정에 이의를 제기하지 않을 것이다.

그러나 국제 법원인 인권 재판소들은 때때로 공동체에 대한 위협을 제지하기 위해 사법적으로 개입할 필요성을 더 강하게 느끼고, 정부의 민주적인 정책 결정에 간섭한다는 부담감은 상대적으로 덜 느낄 것이다. 2013년 아프리카 인권재판소는 마우(Mau) 숲에 거주하는 1만 5천 명에 달하는 오기에크(Ogiek)족 공동체의 권리를 보호하기 위해 토지 거래 제한 규정을 재도입하도록 케냐 정부에 명령했다. 이는 재판소 개소 이래 처음 내린 판결 중 하나였다.

주거권에 관련된 내용을 마무리하면서 한 가지 지적할 점은, 일부 주거권 침해 행위는 국제범죄에 해당하며, 개인에게도 형사 책임이 발생한다는 사실이다. 우선 「국제형사재판소에 관한 로마 규정」에 언급된 죄목들을 보면, 강제 이주나 추방을 동반하는 민간인에 대한 광범위하고 조직적인 공격은 인도에 반하는 국제범죄임을 알 수 있다. 가옥의 파괴를 동반하는 전쟁범죄 역시 직접적 관련이 있다. 전쟁과 관련된 규정은 복잡하고, 무력 충돌중에 불가피하게 발생하는 파손을 어느 정도 인정하지만, 다음 세 가지 정도는 국제 전쟁범죄에 해당한다. 첫째, 군사적 필요에 의해 정당화되지 않고, 불법적이고 무분별하게 수행되는, 점령군에 의한 광범위한 재산 파괴와 징수. 둘째, 국제적인 무력 충돌 상황에서, 구체적이고 직접적인 군사적 기대 이익 전반에 비해 명백히 과도한 정도의 부수적인 민간인 살상이나 민간 시설 파괴가 야기될 것을 알면서도 의도적으로 공격을 감행하는 행위. 셋째, 내전 상황에서, 군사적 필요에 의해 부득이하게 요청되지 않음에도 적의 재산을 파괴하거나 몰수하는 행위.

위와 같은 가옥 파괴를 명령하고, 조장하고, 실행하는 사람은 전쟁범죄를 저지르는 것이며, 해당 국제 형사 법정뿐 아니라 단죄 의지가 있는 그 어떤 국가의 법정에서든 전범으로 기소되어 재판을 받을 수 있다.

노동

노동자의 권리를 위한 다양한 국가적 · 지역적 투쟁은 노예제 및 강제 노동 반대, 적정한 노동 조건과 공정한 임금에 대한 요구, 노동조합을 결성하고 가입할 권리, 쟁의권 등을 아우른다. 어떤 측면에서는 이런 운동이 현대 인권 운동보다 더 먼저 시작되었다. 노동과 관련한 국제적 기준과 절차가 정교하게 가다듬어진 데에는 1차대전 종전과 러시아 혁명을 배경으로 1919년에 창설된 국제노동기구(ILO)의 역할이 컸다. 당시에는 노동권 증진을 약속하며 점차 호소력을 얻어가던 공산주의 세력의 약진을 견제하기 위해 국제적인 역량을 집중시키는 것이 무엇보다 중요하다고 여겨졌다. 또한 양차 대전의 배경에는 사회 정의가 항구적 평화를 정착시키는 데 필수적이라는 인식도 깔려 있었다. 국제노동기구는 다양한 노동 기준을 규정한 상세한 협약들과 더불어, 그 준수를 위한 정교한 감시 기제를 만들었다.

1998년부터는 새로운 국면이 펼쳐졌는데, 세계무역기구(WTO)의 국제 통상법 체제를 통해 노동자의 권익을 보호하는 안을 놓고 찬반론이 첨예하게 갈린 것이 그 원인이었다. 반대론자들 사이에는 사회 조항(social clause: 무역 협정 안에서 주요 노동 기준의 준수를 요구하는 조항)을 통해 노동권 문제가 통상 체제 안으로 편입되면 개발도상국에 불리한 상황이 펼쳐

지리라는 불안감이 상당했다. 즉, 개발도상국 노동자들이 적정 임금을 받지 못하고 선진국과 같은 수준의 노동권을 누리지 못한다는 사실이 곧 부유한 나라들이 개발도상국으로부터의 수입을 거부할 명분이 되고, 그렇게 되면 개발도상국은 값싼 노동력이라는 비교우위에서 오는 경제적 이익을 누리지 못하리라는 것이었다. 결국 노동권 문제는 통상의 영역에서 배제되어 오롯이 국제노동기구의 몫으로 남게 되었다. 이를 계기로 국제노동기구는 국제 노동권에 대한 새로운 해석을 내놓았다. 노동자의 권리는 전보다 더 간결하게 재구성되어 「일터의 기본 원칙과 권리에 관한 국제노동기구 선언ILO Declaration on Fundamental Principles and Rights at Work」으로 압축되었다. 도출된 원칙은 다음과 같다. 1) 결사의 자유와 단체 교섭권의 실질적 인정, 2) 모든 형태의 강제적이고 강압적인 노동 철폐, 3) 아동 노동의 실질적 철폐, 4) 고용 및 업무와 관련한 차별 철폐.

최근에는 이런 문제들에 대한 국가 중심적 접근법으로는 세계화된 시장에서 거대 기업의 활동을 포착하기 힘들다는 인식이 확산됨에 따라, 기업의 책무성을 강화하기 위한 다양한 노력이 이어지고 있다. 기업 행동강령, 윤리투자 상품, OECD의 '국가연락사무소(다국적 기업과 관련한 OECD 가이드라인이 준수되도록 각국에서 분쟁 처리 등 실무를 담당하는 기구)',

과감한 소송 등이 모두 기업의 노동권 침해 행위에 관심을 기울인다. 2005년 유엔은 존 러기(John Ruggie)를 사무총장 특별대리인(Secretary-General's Special Representative)으로 임명해 기업의 책임 및 책무성과 관계된 인권 기준을 밝히도록 했다. 러기가 마련하고 2011년 유엔 인권위원회가 채택한 「기업 인권 지침Guiding Principles on Business and Human Rights」의 기본틀은 보호, 존중, 구제라는 세 축으로 구성된다.

- 국가의 인권 보호 의무: 적절한 정책, 규제, 판결을 통해 기업 등 제삼자에 의한 인권 침해를 막는다.
- 기업의 인권 존중 책임: 국가의 의무와 별도로, 기업은 다른 행위자의 권리를 침해하지 않도록 상당한 주의를 기울이고 자사가 연관된 악영향을 해소할 책임이 있다.
- 피해자 구제 확대의 필요: 피해자는 효과적인 사법적 · 비사법적 구제책에 더 쉽게 접근할 수 있어야 한다.

러기의 표현을 빌리자면, '간단히 말해, 국가는 보호해야 하고, 기업은 존중해야 하며, 피해자에게는 배상이 있어야 한다'.

기업에 광범위한 권리를 존중할 책임이 있음은 이렇게 핵심 원칙으로 명시되었다. 이는 수년간 기업이 인권 문제에 보인 일관된 반응('인권? 그야 우리가 상관할 바 아니지!')을 생각할 때 의미가 있다. 하지만 규범적 체계가 더 명확해지기는 했어도 효과적인 구제가 실제로 이루어지는 경우는 여전히 드물다. 유엔「기업 인권 지침」제12항에 따라 인권을 존중하지 않더라도 기업은 거의 책임을 지지 않는다.

> 12. 기업의 인권 존중 책임은 국제적으로 승인된 인권을 존중할 책임을 말한다. 그러한 인권은, 적어도 국제인권장전에 명시된 권리와 국제노동기구의「일터의 기본 원칙과 권리에 관한 국제노동기구 선언」에 제시된 기본 권리에 관한 원칙만큼은 포함하는 것으로 이해되어야 한다.

「경제적 · 사회적 · 문화적 권리 규약」에는 노동권이 포함되어 있다. 그러나 유엔 경제적 · 사회적 · 문화적 권리 위원회는 다음과 같이 경고했다. "노동권은 고용을 보장받을 절대적이고 무조건적인 권리로 이해해서는 안 된다." 우리가 이 장에서 살펴본 다른 권리들과 마찬가지로, 노동권에 얽힌 관념이 그 권리를 누릴 당연하고 즉각적인 자격을 발생시키지는 않는다. 노동권은 꽤 복잡한 하위 권리들의 묶음이다. 첫째, 강제 노동에 동원되지 않을 권리다. 둘째, 노동 시장에 접근할 권리다. 셋째, 안전한 노동 환경과 정당한 보수가 주어져야 한다. 넷째, 노동조합을 결성할 권리가 인정되어야 한다. 다섯째, 노동자는 차별받지 않을 권리가 있으며, 부당한 해고로부터 보호되어야 한다. 마지막으로, 모든 사람은 실직시 사회보장을 받을 권리가 있다.

물론 앞서 다른 장에서도 살펴보았듯이, 권리들은 제한될 수 있다. 국가는 외국인(이주 노동자)의 노동 시장 접근을 일정 정도 차단할 수 있다. 그러나 일단 고용된 후에는 외국인에 대한 차별은 대체로 어떤 이유에서건 허용되지 않는다.

인권이 늘 노동 운동의 열망을 지지한다고 여겨지지는 않는다. 법원은 노동조합 결성권에 '소극적인 결사권', 즉 노동자가 조합 가입을 거부할 권리도 포함된다고 판단해왔다. 조합원의 파업이나 보이콧을, 조합과의 단체협약을 거부할 사용자의 인권을 침해하는 행위로 규정하려는 시도도 있었다.

일터에서 결사의 자유를 보장하고 부당 해고를 막는다는 것은 보편적으로 인정되는 원칙이지만, 이 원칙이 이행되는 구체적 양상은 각국의 이데올로기, 정치 지형, 문화적 배경에 따라 다르다. 어떤 나라는 노동조건 협상에서 노동조합에 중심적 역할을 부여하는 것을 중요하게 여기는 오랜 전통이 있다. 다른 나라는 노동조합이 유연성과 경쟁력에 걸림돌이 된다고 본다. 이런 태도는 고정된 것이 아니며, 사회가 변화하고 민주적 과정을 통해 새로운 다수 세력이 등장하면 그에 상응한 변천을 겪을 수 있다.

유럽 연합처럼 지역 통합을 이룬 곳에서는 역내 시장 경쟁의 공정성을 확보하려는 차원에서 노동권의 평준화가 어느 정도 진행되었다. 유럽 내 경쟁 조건을 고르게 한다는 이러한 경제적 논리 덕분에, 급여의 성 평등을 보장하는 구체적 규정과 더불어 직장 내 성희롱에 대한 새로운 방지책들이 마련되었다. 유럽 연합은 또 인종적 · 종교적 차별뿐 아니라 장애, 연령, 성적 지향에 근거한 직장 내 차별도 법으로 금지한다. 그럼 이제 차별에 대하여 좀더 자세히 살펴보자.

제 8 장

차별과 평등

이 얇은 책에서 지금까지 살펴본 대로, 어떤 권리든 그 향유에 차별이 있어서는 안 된다. 우리는 차별을 금지해야 할 국가의 일차적 의무를 (임의 구금을 당하지 않을 신체적 자유, 표현의 자유, 정치적 참여, 결사에 관계된) 시민적 · 정치적 권리에서뿐 아니라 (식량, 물, 건강, 교육, 주거, 노동과 관계된) 경제적 · 사회적 권리에서도 확인했다. 이번 장에서는 차별의 근거로 삼을 수 없는 것들이 무엇이며, 어떤 근거들이 새로이 금지되고 있는지, 또한 사람들을 구별하는 것이 도리어 합리적이고 따라서 적법하다고 간주되는 때는 언제인지를 알아보자.

이 책의 서두에서도 언급했지만, 어떤 이들은 인권이 두 가지 생각에 뿌리를 둔다고 본다. 즉, 인간은 동일한 존엄성과 권리를 타고났고, 모든 인간은 동일한 배려와 존중을 받아야 한다는 것이다. 정확히 어째서 우리가 타인을 그렇게 대해야 하는지, 그리고 그런 존중이 보장되도록 하기 위해 우리가 정확히 어느 정도까지 해야 하는지는 까다로운 도덕철학적 문제로 남아 있다. 대체로 그런 논의는, 인간 한 사람 한 사람에게는 무언가 '신성한' 것이 있고, 출생시부터 존재하는 명백한 불평등에도 불구하고 모든 사람에게 평등한 기회를 제공하는 시스템을 만들어내는 것이, 혹은 더 나아가 결과의 평등을 이룩하고자 노력하는 가운데 가장 불우한 사람들이 가장 우선시되는 방식으로 자원을 재분배하는 것이야말로 정의와 공정이 우리에게 요구하는 바임을 인정하는 쪽으로 결론이 난다. 인권에 대한 이런 철학적 접근은 차별과 관련한 인권 규정에 상당한 무게감을 더해주며, 지구적 차원의 더 나은 사회 정의를 위해 비차별 인권 규정을 개발하려는 노력에 도덕적 근거를 제공한다.

비차별은 인권 운동을 이끌어온 활동가들과 그들이 벌인 캠페인의 관점에서 바라볼 수도 있다. 차별에 대한 항거는 노예제 폐지, 여권 투쟁, 제국주의 반대, 아파르트헤이트 반대, 인종주의 반대 등 그간의 인권 운동을 관통하는 주제였다. 또한 차별은 제노사이드 개념의 핵심을 이루며, 인도에 반한 죄 개념에도 내재돼 있다. 오늘날과 같은 형태의 차별받지 않을 인권은 성별, 피부색, 종교 등을 이유로 불리한 대우를 받는 부정의에 맞서는 가운데 형성되어왔다. 1948년 세계인권선언은 다음과 같이 공표했다.

> 모든 사람은 인종, 피부색, 성별, 언어, 종교, 정치적 또는 그 밖의 견해, 민족적 또는 사회적 출신, 재산, 출생 또는 기타 신분에 따른 아무런 구별 없이 이 선언에 규정된 모든 권리와 자유를 누릴 자격이 있다.

첫째로 알아둘 점은, 본래 이 차별금지 조항은 세계인권선언에 규정된 다른 권리들의 향유에 대한 것으로 한정돼 있었다는 사실이다. 그러나 이후 각국에서나 국제적으로 도입된 제반 규정을 통해 비차별 의무의 범위가 확대되어, 이제는 생활 전반의 영역에서, 그리고 정부뿐 아니라 민간 (혹은 비국가) 주체의 행위에도 이 의무가 적용되고 있다. 임대인이나 호텔, 음식점, 고용주, 운송회사, 수도 전기 공급자, 공원, 수영장, 보험사도 위에 언급된 그 어떠한 근거로도 차별하지 못하도록 의무화된다. 둘째, 차별의 근거로 삼을 수 없는 것들의 목록이 여전히 열려 있다는 데 주목해야 한다. 앞으로 더 많은 항목이 이 금지 목록에 추가될 수 있다. 1966년에 나온 「시민적 · 정치적 권리 규약」과 「경제적 · 사회적 · 문화적 권리 규약」의 이행을 감시하는 두 유엔 위원회들은 규약이 보장하는 권리의 향유와 관련해 성적 지향, 건강 상태(HIV/AIDS 등), 신체와 정신의 장애, 연령, 국적에 근거한 차별을 추가로 금지함으로써 비차별 의무의 범위를 확대했다. 셋째, 때로는 특정 근거에 따른 구별이 타당한 것으로 인정됨을 이해해야 한다. 예를 들어 종교 학교는 해당 신앙을 가진 사람만을 교직원으로 채용할 수 있다.

연령 문제와 타당한 구별

연령차별과 관련한 호주의 한 사례는 타당한 구별이라는 개념을 명확히 하는 데 도움이 된다. 비행사 러브 씨는 60세가 되어 오스트레일리아 항공으로부터 강제 퇴직을 당하자, 「시민적 · 정치적 권리 규약」상의 불법적 차별에 해당한다며 유엔 인권위원회에 진정을 제기했다. 일단 위원회는 연령이 규약의 비차별 조항에 명시적으로 언급되지는 않았지만 기타 '신분(status)'에 해당한다고 볼 수 있으며, 따라서 금지된 차별 근거 중 하나라고 판단했다. 하지만 강제 퇴직은 평생 노동을 제한하는, 사실상의 노동자 보호 장치일 수 있다는 지적이 있었다. 더욱이 위원회는 항공사가 연령에 근거한 구별을 둔 목적이 정당했다고 인정했다. 그것은 승객과 다른 이들의 안전을 최대화하기 위함이었으므로, 자의적이지도 비합리적이지도 않았다. 인도 대법관을 지낸 바그와티(Bhagwati) 위원의 말대로, 모든 구별이 그릇된 차별은 아니다.

동성 관계와 종교

동성 결혼 등 새로운 분야에서 일어나는 평등권 요구도 그 중심에 인권 논변을 담고 있다. 국제 인권법에서 아직 뚜렷한 진전이 있기도 전에, 남아프리카 공화국 헌법재판소는 동성 결혼을 바라던 두 여성의 손을 들어주었다. 이는 한편으로는 헌법이 적용된 결과였고, 다른 한편으로는 인권 철학의 논리적 귀결이었다. 재판부 전원을 대표하여 알비 색스(Albie Sachs) 재판관은 다음과 같이 설명했다.

> 민주적이고, 보편적이며, 보살핌이 있고, 평등을 지향하는 사회는 모든 사람을 포용하며 있는 그대로 받아들인다. 저 자신이고자 하는 사람을 벌주는 것은 인격에 대한 심각한 모독이며 평등의 침해다. 평등은 차이에도 불구하고 동등한 배려와 존중을 보이는 것이다. 그것은 차이의 제거나 억제를 전제하지 않는다. 인권 존중에는 자아의 부정이 아니라 긍정이 요청된다.

현재 세계적으로 대략 40개국에서 동성 결혼이나 그에 준하는 제도를 허용하지만, 인간존엄재단(Human Dignity Trust)에 따르면 79개[2019년 2월 기준 72개] 관할권역에서 동성 성인 간의 합의에 의한 사적인 성행위를 법으로 금하고 있다(상자 36). 그러한 법은 흔히 종교적인 이유로 정당화된다. 종교적 신념의 존중과 평등의 보장 사이에서 일어나는 갈등은, 종교적인 이유로 동성 커플에게 서비스 제공을 거부했다가 해고당한 이들이나 직장에서 종교적 상징물을 착용하지 못하게 된 이들이 제기한 몇몇 소송에서 여실히 드러났다. 최근 유럽인권재판소에서 병합 판결한 네 가지 사건의 배경을 살펴보자. 첫째 사건에서 원고는 동성 커플의 사회적 동반 관계(civil partnership) 등록 처리를 거부했다가 해고된 그리스도교인 혼인등록관(marriage registrar)이었고, 둘째 사건의 원고는 동성 커플에 대한 상담 제공을 거부했다가 해고된 관계 상담사였다. 두 경우 모두 재판부는 원고의 고용주(첫째 경우는 관계 당국, 둘째 경우는 사기업)가 평등의 보장이라는, 정당화할 수 있는 목적을 추구했다고 보았다. 나머지 두 사건의 원고는 의료 및 안전상의 이유로 십자가 목걸이 착용을 금지당한 간호사와, 역시 십자가 목걸이 착용을 금지당한 영국항공 직원이었는데, 이 마지막 경우에는 회사가 지향하는 특정한 기업 이미지와 맞지 않는다는 것이 착용을 금지당한 이유였다. 간호사는 패소했지만, 영국항공 직원은 승소했다. 재판부는 영국 법원의 판결에서는 기업 이미지에 근거한 변론에 지나친 무게가 실렸다고 보았다. 이처럼 어떤 조치가 차별적인지 여부를 판단하는 일은 상당히 맥락 의존적인 작업이다.

2010년 미국 대법원은 한 공립대학의 학생 단체인 기독법률인회(Christian Legal Society)가 제기한 소송에서, 학교가 이

상자 36 인간존엄재단 웹사이트(2014), 동성 성인 간의 합의에 의한 사적인 성행위를 법으로 금하는 79개 관할권역

아프가니스탄, 알제리, 앙골라, 앤티가 바부다, 방글라데시, 바베이도스, 벨리즈, 부탄, 보츠와나, 브루나이, 부룬디, 카메룬, 코모로, 쿡 제도(뉴질랜드 자치령), 도미니카, 이집트, 에리트레아, 에티오피아, 감비아, 가자 지구(팔레스타인 점령 지역), 가나, 그레나다, 기니, 가이아나, 인도, 인도네시아(남수마트라와 아체 지방), 이란, 이라크, 자메이카, 케냐, 키리바시, 쿠웨이트, 레바논, 라이베리아, 리비아, 말라위, 말레이시아, 몰디브, 모리타니, 모리셔스, 모로코, 모잠비크, 미얀마(버마), 나미비아, 나우루, 나이지리아, 오만, 파키스탄, 파푸아 뉴기니, 카타르, 세인트키츠 네비스, 세인트루시아, 세인트빈센트 그레나딘, 사모아, 사우디아라비아, 세네갈, 세이셸, 시에라리온, 싱가포르, 솔로몬 제도, 소말리아, 남수단, 스리랑카, 수단, 스와질란드, 시리아, 탄자니아, 토고, 통가, 트리니다드 토바고, 튀니지, 투르크메니스탄, 투발루, 우간다, 아랍 에미리트, 우즈베키스탄, 예멘, 잠비아, 짐바브웨.〔2019년 2월 현재 앙골라, 벨리즈, 인도, 모잠비크, 나우루, 세이셸, 트리니다드 토바고를 제외한 72개국.〕

단체의 운영 방침을 문제삼아 재정 지원 대상에서 제외한 조치는 표현의 자유나 결사의 자유에 대한 침해가 아니라고 판단했다. 단체는 '뉘우침 없이 동성애 행위'를 일삼거나 자체적인 '신앙고백서' 내용과 어긋나는 종교적 신념을 가진 사람은 퇴출한다는 내부 방침을 따르고 있었다. 다수 의견 판사들은 다양한 배경과 믿음을 가진 학생들을 한데 모아 그들 사이에 관용과 협동, 배움을 장려한다는 대학의 정책에 공감을 표했다. 케네디 판사는 '학생들이 반대 의견에 대해 서로 담을 쌓고 지낸다면 활발한 대화는 불가능하다'고 말했다.

여러 다른 나라의 법원에서도, 객실 제공 등의 서비스를 종교적인 이유로 거절당했다는 동성 커플들의 제소가 이어지고 있다. 재판부의 처리 방식 중 하나는 서비스 제공을 거부한 이들이 '합리적인 편의 제공(reasonable accommodation)'의 노력을 기울였는지를 살피는 것이다. 이 개념은 장애인 차별과 관련한 이 장 말미에서 더 자세히 살펴볼 텐데, 기본적으로는 배제되는 이들의 권리를 조금이라도 수용하기 위해 적절한 조치를 취해야 한다는 것이다. 당시 헤일(Hale) 영국 부대법원장은 사례를 들어 다음과 같이 설명했다.

> '스미스와 치미신(Chymyshyn) 대 콜럼버스 기사단(Knights of Columbus) 외' 사건에서 (…) 한 레즈비언 커플이 결혼식 연회

를 위해 홀을 빌렸다. 그곳은 로마 가톨릭 교회가 소유하고 기사단이 교회를 대신해 대여하는 장소였지만, 누구나 빌릴 수 있도록 개방된 곳이었고, 커플은 교회와의 연관성을 알지 못했다. 기사단이 커플의 계획을 알게 되자 대여는 취소됐다. 재판부는 기사단으로 하여금 동성 결혼이 잘못이라는 그들의 핵심적 신념에 반하여 행동하도록 강요할 수 없다는 점은 인정했다. 하지만 기사단은 합리적인 편의 제공의 의무를 다하지 않았다. 그런 조치가 커플에게 끼칠 영향을 고려하지 않았고, 그들을 직접 만나 상황을 설명하고 사과할 의향이 없었으며, 커플에게 추가로 발생한 비용을 보상하겠다거나 다른 대안을 찾도록 돕겠다는 제안도 하지 않았다. 사실상 기사단은 그들이 커플의 인간적 존엄에 가한 모욕에 둔감했으며, 충격을 완화하고자 최선을 다하지 않았다.

외국인

평등과 관련한 또다른 중요 쟁점은 비국적민과 관련해 허용되는 제약들이다. 어떤 층위에서 보자면, 비국적민에 대한 차별은 인종주의나 외국인 혐오의 한 형태로, 모욕적이고 비이성적이다. 그러나 다른 층위에서 보자면, 국가는 마땅히 이민을 통제하고, 투표나 출마의 자격을 제한하고, 고용이나 일부 의료, 교육에의 접근을 제한할 수 있어야 한다. 그럼에도 인권의 원칙은 그러한 구별이 정당한 목적을 위해 그에 비례하는 정도로만 시행될 것을 요구한다. 외국인의 첩보기관 취업을 금지하는 규정은 국가 안보라는 목적에 비례하는 것으로 간주할 수 있다. 외국인의 대학 등록금을 더 높게 책정하는 규정은 국내 납세 인구를 위한 교육 접근성 확보라는 목적에 비례할 수 있다. 반면, 이주 노동자는 특화된 국제 협약(모든 이주 노동자 및 그 가족의 권리 보호를 위한 국제 협약International Convention on the Protection of the Rights of All Migrant Workers and Members of their Families, 현재 54개국에서만 발효중이며 한국은 조인 전이다)뿐 아니라 국제기구가 내놓은 여러 의견과 해석을 통해 보호되고 있다. 유엔 인종차별철폐위원회는 다음과 같이 말했다.

> 당사국은 취업 허가를 받지 않은 비시민권자에게 일자리 제공을 거절할 수 있으나, 누구든 일단 고용 관계가 시작되면 그것이 종료될 때까지 집회와 결사의 자유를 포함한 노동 및 고용과 관계된 권리 전반을 누릴 수 있다.

위원회는 또 당사국에 다음과 같이 촉구한다.

> 비시민권자 노동자, 그중에서도 특히 비시민권자 가사 노동자들

이 흔히 겪는 심각한 문제들, 예를 들면 담보 노동, 여권 압수, 불법 감금, 강간, 폭행 등을 예방하고 시정하기 위한 효과적 조치를 취한다.

위와 같은 현상은 인신매매와 맞닿아 있다. 인신매매 문제는 인권 체제가 평등에만 집중하는 단순함에서 벗어나 새로운 보호책을 발전시키고 있음을 보여준다. 인신매매 피해자는 목적지 국가에 도착한 후 강제 노동에 처하거나 비인도적인 대우를 받는 등, 추가적인 인권유린에 노출된다. '인신매매의 방지, 억제, 처벌'을 위해 2000년에 채택된 조약(「인신매매 방지 의정서」, 한국은 2015년에 비준)은, 기망이나 강압을 통해 인신을 모집, 운송, 이송, 은닉, 또는 인수하는 인신매매범들을 겨냥한다. 그들의 목적은 착취이며, 그런 착취에는 '타인의 성매매를 착취하는 행위나 기타 형태의 성적 착취, 노동 및 서비스의 강요, 노예화 및 그와 유사한 관행, 예속, 장기 적출 등'이 포함된다. 조약은 인신매매 피해자의 동의 여부는 문제가 되지 않음을 분명히 하며, 피해자가 아닌 인신매매범에 대한 형사관할권 확립에 초점을 맞춘다. 그러나 피해 여성의 신병처리에 관한 규정은 도착지 국가에 여성들의 잔류를 허용하는 방안을 고려하도록 요청하는 데 그친다는 점에서 다소 모호하다. 각국은 여전히 인신매매된 여성을 본국 송환하는 편을 선호하며, 결과적으로 여성들은 보호를 요청할 용기를 내지 못하고 본국으로 돌아가 추가적인 위험에 노출되곤 한다. 인권은 모든 남녀에게 약속된 것이지만, 대체로 인신매매 피해자들을 실망시킨다. 그들과 같은 비국적민의 강제 송환을 허용하는 규정에 비추어볼 때, 평등의 원칙은 다소 공허해지고 만다.

차별받지 않을 권리의 한 가지 문제는 그것이 대개 다른 어떤 권리를 행사하려다 당하는 차별을 전제로 한다는 점이다. 이주 노동자나 인신매매 희생자들에게는 애초에 다른 나라에 입국할 권리나 그 나라의 노동 시장에 접근할 권리가 없다. 또한 차별금지 원칙은 비교 대상이라는 개념에 근거한다. 유사한 조건에 있는 다른 누군가에 비해 불리한 대우를 받을 때, 인권이 침해당하는 것이다. 만약 뚜렷한 비교 대상이 없다면 어떨까? 임신 때문에 차별당하는 여성이나 소멸 위기에 몰린 문화를 가진 소수 민족에게는 차별 금지 원칙이 무용할 수 있다. 또다른 문제는 (긍정적 차별이라고도 불리는) 적극적 우대 조치와 관련된다. 인권 원칙은 기존의 인종차별이나 성차별을 교정하는 차원에서 적극적 우대 조치를 허용한다. 하지만 분명 그러한 조치는 새로운 형태의 차별이라는 비난을 받을 소지가 있다. 긍정적 우대 조치의 수용 가능성은 온전히 맥락에 달렸다. 소수자 집단이나 취약 집단의 권익이 다양한 사회 분야에서 대변되도록 하는 문제에 관해서도 각 사회는 저마다 다른 우선순위를 가지게 마련이기 때문이다.

여성에 대한 폭력

비차별 개념에 얽힌 이런 근본적 난점들에도 불구하고, 인권 보호 체제와 평등 개념은 여성 폭력에 대한 캠페인을 조직하는 데 성공적으로 활용되었다(그림 13, 상자 37).

좀더 최근에는 분쟁 사태와 맞물린 성폭력을 해결하기 위해 국제기구 차원의 노력이 집중되었다. 유엔 사무총장이 직접 나서서 무력 충돌 상황에서 반복적으로 발생하는 강간 및 기타 형태의 성폭력(이 문제는 유엔 안전보장이사회 의제에 올라 있다)에 대해 책임이 있는 당사자들의 명단을 공개하기도 했다. 그러나 정작 당사자는 그러한 상황을 의식하기나 할까? 이름을 밝힌다고 해서, 수치를 모르는 자에게 수치를 안길 수 있을까? 하지만 직관적으로는 받아들이기 어려울지 몰라도, 비단 정부뿐 아니라 대부분의 반군 집단 역시 그 지지 기반을 유지하고 (다른 반군 집단이나 그들이 저항하여 싸우는 정부에 비해) 모종의 도덕적 우월성을 확보하려는 동기에서 궁극적으로는 정당성을 열망한다는 주장에는 사실 상당한 근거가 있다. 유엔과 별개로 제네바 촉구(Geneva Call) 등 시민 사회 단체도

13. 국제 앰네스티의 두드러진 캠페인 중 하나는 가정폭력을 인권 침해로 규탄하자는 것이다. 배우 패트릭 스튜어트(Patrick Stewart)가 이를 지지하고 있다.

상자 37 국제 앰네스티, 『우리 손에 달린 일: 여성에 대한 폭력을 멈추라』

여권 운동가들의 성취 중 하나는 여성에 대한 폭력이 인권 침해라는 사실을 보여주었다는 점이다. 이로써 여성에 대한 폭력이 사적인 문제가 아니라 공공의 문제라는 인식의 변화가 일어났으며, 당국의 상응하는 조처가 요청되었다. 인권 기준이 국제적으로나 지역적으로 더 발달하면서 여성 폭력과 관련된 정부의 책무성도 그만큼 더 강화되었다. 여성에 대한 폭력을 인권 문제로 규정함으로써, 폭력에 맞서는 활동에 공통의 언어가 생겨나고, 국제적·지역적 연결망도 확대되었다. (…)
인권 보호 체제의 강력한 특징 중 하나는, 인권이 보편적이라는 — 모든 인간은 인간이기에 동등한 권리를 가진다는 — 핵심 원칙이다. 보편성에서 오는 힘은 여성에 대한 폭력을 합리화하는 가장 흔한 변명, 즉 그것이 해당 사회 문화의 일부이기에 용인 가능하다는 주장을 물리치게 해준다. 인간은 누구나 모든 인권을 누려야 하며, 문화나 전통은 여성의 기본적 인권에 대한 침해를 정당화하지 못한다. 그러나 보편성은 획일성을 강요하거나 다양성을 부인하는 것이 아니다. 인권은 다양하고 폭넓은 문화와 경험 속에서 이해될 때 비로소 보편적일 수 있다.

반군 집단을 설득해 지뢰 사용 금지, 어린이 보호, 성폭력 및 성차별 금지를 약속하는 '서약서'에 서명하게 함으로써 그들의 행동에 변화를 일으키고 있다.

장애인

2006년 「장애인의 권리에 관한 협약」은 국제 문제로서 장애가 다루어지는 방식에서 새로운 전기가 되었다. 퀸(Quinn)과 마호니(Mahony)가 설명하듯이, 그전까지는 '연민, 온정주의, 사회 정책의 혼합'이 주조를 이루었다면, 이제는 인권 체제로의 전환으로 인해 그저 비차별이 아닌 유의미한 평등을 위한 새로운 가능성들이 생겨나고 있다. 퀸과 마호니는 다음과 같이 말했다.

> 장애 분야에서 인권 혁명이란, 장애 뒤에 가려진 사람이 드러나게 하고, '법치'의 혜택이 그저 일부나 대다수가 아닌 모두에게 미치도록 하는 것이다. 무엇보다 중요한 점은 장애인을 관리하고 보살펴야 할 '객체'와 뚜렷이 구분되는, 온전한 법인격(legal personhood)을 가진 '주체'로 대하는 것이다.

「장애인의 권리에 관한 협약」은 장애인에 대한 비차별을 넘어 그들의 인권을 보장하는 데 필요한 조치들을 다룬다. 특히, '합리적인 편의 제공' 개념을 통해 형식적인 평등을 넘어 실질적인 평등을 지향하며, 아동의 권리와 관련하여 흔히 언급되는 '최선의 이익' 접근법(당사자에게 최선의 이익이 되도록 주변에서 대신 결정해준다는 원칙)을 배제하고 '의사 결정에 대한 지

상자 38 「장애인의 권리에 관한 협약」(발췌. 강조 추가)

당사국은 **장애를 이유로 한** 모든 차별을 금지하고, 장애인에게 그 어떤 이유에 근거한 차별에 대해서든 평등하고 효과적인 법적 보호를 보장한다.

'장애로 인한 차별'이란 정치적, 경제적, 사회적, 문화적, 시민적 또는 그 밖의 모든 분야에서 다른 사람과 동등하게 모든 인권과 기본적 자유를 인정받거나 향유 또는 행사하는 것을 저해하거나 무효화하는 목적 혹은 효과를 가지는, 장애를 이유로 한 모든 구별, 배제 또는 제한을 의미한다. 이는 **합리적 편의 제공**에 대한 거부 등 모든 형태의 차별을 포함한다.

평등을 증진하고 차별을 철폐하기 위하여 당사국은 **합리적 편의 제공**이 보장되도록 모든 적절한 조치를 취한다.

'**합리적 편의 제공**'이라 함은, 다른 사람과 동등하게 장애인에게 모든 인권과 기본적 자유의 향유 또는 행사를 보장하기 위하여, 그것이 요구되는 특정한 경우에, 과도하거나 부당한 부담을 지우지 아니하는 수준의 필요 적절한 변경과 조정을 행하는 것을 의미한다.

본 협약의 원칙은 다음과 같다.

가. 고유한 존엄성, 선택의 자유를 포함한 개인의 자율성, 그리고 자립에 대한 존중

나. 비차별

다. 완전하고 효과적인 사회 참여 및 통합

라. 장애로 인한 차이의 존중, 인간 다양성과 인류의 한 부분으로서 장애인 인정

마. 기회의 균등

바. 접근성

사. 남녀의 평등

아. 장애 아동의 점진적 역량 발달 및 정체성 유지 권리에 대한 존중

당사국은 장애인이 모든 생활 영역에서 다른 사람과 **동등하게 법적 능력을 향유함**을 인정한다.
당사국은 장애인이 **법적 능력을 행사하기 위하여 필요한 지원**에 접근할 수 있도록 적절히 조처한다.

원'을 통해 법 앞에서의 동등한 인정이 구현되도록 한다(상자 38).

제 9 장

사형

사형에 관한 이 짧은 마지막 장은 인권의 구성 항목이 무엇이냐는 물음에 대한 우리의 태도가 시간의 흐름과 함께 변화한다는 사실을 다시금 상기시켜줄 것이다. 18세기 프랑스와 미국의 인권 선언문 작성자들에게 사형제 폐지를 권리 선언에 포함시킨다는 것은 상상도 못할 일이었다. 1945년 2차 대전을 끝마친 '연합된 국가들(유엔)' 사이에서조차 이 문제에 관해 어떤 합의를 도출하려는 시도는 없었으며, 1948년 세계인권선언에도 이와 관련된 언급은 전혀 없었다. 하지만 지금은 전 세계 절반가량의 국가가 사형을 공식적으로 폐기했고, 사형이 실제로 집행되는 건수도 나머지 절반 중 몇몇 특정국에 집중돼 있다(상자 39).

상자 39 국제 앰네스티, 「사형에 관한 사실과 수치Facts and Figures on the Death Penalty」(2014)

전 세계에서 적어도 607건의 사형이 집행되었고, 이는 2013년에 비해 거의 22% 감소한 수치다. 이전 연도들과 마찬가지로, 중국에서 사형이 집행된 사람들의 숫자는 포함되지 않았다. 중국에서 사형 관련 정보는 국가 기밀 사항이다.

기록된 607건의 사형 중에서 이란, 이라크, 사우디아라비아 3국의 비중이 72%에 달했다. 이란 당국은 289건의 집행을 발표했으나, 그 밖에도 공식적으로 인정되지 않은 수백 건이 더 있었다.

사형 방법으로는 참수형(사우디아라비아), 교수형(아프가니스탄, 방글라데시, 이집트, 이란, 이라크, 일본, 요르단, 말레이시아, 파키스탄, 팔레스타인, 싱가포르, 수단), 독극물 주사(중국, 미국, 베트남), 총살형(벨라루스, 중국, 적도 기니, 북한, 팔레스타인, 사우디아라비아, 소말리아, 타이완, 아랍에미리트, 예멘)이 동원되었다.

55개국에서 적어도 2466명이 2014년에 사형을 선고받은 것으로 알려졌다. 이는 57개국에서 1925건의 사형 선고가 있었던 2013년에 비해 28% 증가한 수치다. 주된 원인은 이집트와 나이지리아에서 사형 선고가 (각각 2013년 109건에서 2014년 509건으로, 2013년 141건에서 2014년 659건으로) 급증했기 때문이다. 두 나라 법원은 일부 사건에 대해 무더기 사형 선고를 내렸다.

2014년 말 기준으로 전 세계 사형수는 적어도 1만 9094명에 이르는 것으로 보인다.

의무 사형 선고(특정 범죄 유형에 대해 무조건적으로 사형을 선고하는 제도)는 바베이도스, 이란, 말레이시아, 파키스탄, 싱가포르, 트리니다드 토바고에서 여전히 시행되었다. 의무 사형 선고는 피고의 개인적 사정이나 범죄의 특수한 정황이 고려될 가능성을 차단하므로 인권 보호 원칙에 어긋난다.
전 세계 3분의 2 이상의 국가가 사형을 법적으로나 실질적으로 폐지했다. 2014년 12월 31일 기준의 관련 수치는 다음과 같다.(국제 앰네스티의 2018년 보고서에 따르면, 2017년도 전 세계 사형 집행은 993건, 사형 선고는 2591건, 전체 사형수는 2만 1919명에 달했다. 사형 유지국은 56개국으로 줄었다.)

모든 범죄에 대하여 폐지한 국가: 98개국
통상적 범죄에 한하여 폐지한 국가: 7개국
실질적으로 폐지한 국가: 35개국
법적으로나 실질적으로 폐지한 국가: 140개국
유지 국가: 58개국

어떤 이들은 사형을 과연 인권 문제로 보아야 하는지 의문을 제기하곤 한다. 사형을 불법화하는 조약들이 여전히 조인되지 않은 채로 남아 있고 선출된 입법자들도 사형을 존치하기 바란다면, 사형의 보편적 금지를 주장할 근거는 희박하다. 이런 주장에 대한 일차적 반박은, 사형은 생명권을 침해하므로 잘못이라는 것이다. 또한 만약 우리가 고문과 비인도적 처벌이 절대적으로 금지되어야 한다고 확신한다면, 사형이라는 궁극적이고 비가역적인 처벌 역시 적어도 비인도적 처벌의 하나로서 금지되어야 할 것이다. 많은 개인과 일부 기관들은 이 정도면 충분히 논리적인 답변이라 여길 것이다.

하지만 앞서 언급했듯이, 2차대전 후 각국 정부는 생명권을 보호하는 인권 문서에서 사형제를 폐지할 의향이 없었다. 주요 인권 조약들에는 생명권에 대한 제약이 딸려 있었다. 국가가 공정한 재판을 거쳐 사법적으로 집행되는 사형을 통해 생명을 빼앗는 행위를 허용한 것이다.

비록 사형을 허용하기는 했으나, 이런 인권 조약들은 절차적 안전장치, 사형으로 처벌 가능한 범죄 유형 및 사형에 처할 수 있는 사람에 대한 제한, 특정한 사형 집행 방법에 대한 금지를 포함하는 것으로 해석되어왔다.

생명의 **자의적** 박탈을 금한다는 개념은 적절한 안전장치를 갖춘 공정한 재판을 통해서만 사형이 선고될 수 있다는 뜻이다. 그러한 안전장치에는 독립적이고 편파적이지 않은 재판부에 의한 공정한 심리, 무죄 추정, 최소한의 방어권 보장, 상급심 허용이 포함된다.

사형이 가장 심각한 범죄에만 제한적으로 적용되어야 한다는 데는 국가 간 합의가 이루어져 있다. 유엔 인권이사회 특별보고관 필립 올스턴은 유엔의 주요 기구들의 규정 해석 사례들을 면밀히 살펴 다음과 같이 결론지었다. "살인의 의도가 죽음을 야기했음을 증명할 수 있을 때에만 사형을 선고할 수 있다."

다시 사형 자체로 돌아가보자. 사형에 대해 생각할 때 우리는 보편적 인권으로 인정되는 것들과 그렇지 않은 것들 사이의 경계에 서게 된다. 각국 정부는 보편적 인권의 구성 항목으로 받아들일 수 있는 것과 그렇지 않은 것들에 대해 의견이 갈린다. 그러나 다시 말하지만, 국가나 국민, 민족, 문화가 절대 불변이라는 생각은 어리석다. 남아프리카는 1995년, 사형이 잔혹하거나 비인도적이거나 굴욕적인 대우를 금하는 헌법에 위배된다는 헌법재판소의 결정에 따라 사형을 폐지했다. 다른 관할권역에서도 그들의 헌법에 보장된 내용에 비추어 사형이 허용될 수 없는 때가 언제인지를 지속적으로 검토하고 있다. 미국 대법원은 2002년, '지적 장애인'에 대한 사형 선고는 헌법이 금하는 '잔혹하고 비상한 처벌'에 해당하므로 위헌이라고 판결했다. 그리고 2005년에는 범행 당시 미성년자였던 사람에 대한 사형 선고 역시 위헌이라고 판결했다. 따라서 오늘날 미성년자, 정신 이상자, 임신부의 사형을 금하는 국제 규범은 그리 큰 논란거리가 아니다. 일부 인권 문서는 만 70세가 넘은 사람, 정신 이상자, 유아를 돌보는 어머니의 사형 또한 금하고 있다.

이와 동시에, 사형을 둘러싼 제반 조건과 맞물린, 사형의 (선고 자체는 아니더라도) **집행**을 막는 새로운 결정들이 나오고 있다. 첫째, 사형을 폐지한 국가가 사형당할 가능성이 있는 다른 국가로 개인을 인도하거나 추방하는 행위는 사형 금지에 저촉되는 것으로 해석된다. 둘째, 상소 절차를 거치는 데 소요되는 수년 동안의 심리적 고통은 비인도적 대우로 간주된다. (역설적이게도 이에 대한 해결책은 판결과 형 집행 사이의 절차를 단축하는 것으로 여겨지기도 한다.) 셋째, 형 집행 방법이 잔혹하고 비인도적인 처벌에 해당한다는 판결이 나오기도 한다. 이런 판결은 비인도적 처벌의 가능성을 근거로 인도 금지 처분을 받아낼 수 있는 경우에 큰 의미가 있다. 비슷한 맥락에서, 유럽 연합은 독극물 주사를 사용한 사형이 잔혹하다는 문제 제기에 따라(그림 14) 사형에 사용될 수 있는 바르비투르계 마취제의 수출을 금지했다. 약물 조달에 차질이 생기자 미국의 일부 주정부는 총살형이나 전기의자 방법의 재도입을 검토하기도 했다. 오해가 없도록 덧붙이자면, 유럽 연합의 수출 금지 품목에는 전기의자, 교수대, 기요틴도 포함돼 있다(그림 14). 넷째, 공정한 재판을 보장하는 규정이 준수되지 않았다면, 뒤따르는 사형은 생명의 자의적인 박탈로 간주된다. 마지막으로, 터키 정치인 압둘라 오잘란(Abdulla Öcalan)에 대한 사형 선고와 관련하여, 유럽 인권재판소는 '독립성과 불편부당함이 의문시되는 재판정'에 의한 불공정한 심리와 사형 선고가 야기한 정신적 고통은 비인도적 대우로 간주해야 한다고 판결

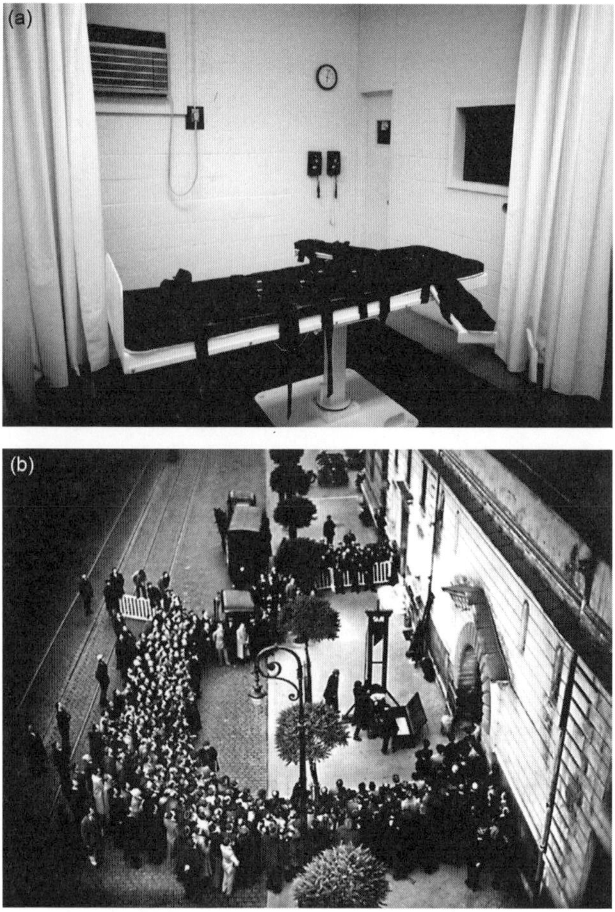

14. 오늘날 미국의 독극물 주사 사형실(위). 프랑스에서 열린 마지막 공개 처형(아래). 1937년 베르사유에서 기요틴으로 집행되었다. 프랑스에서 기요틴은 인도적인 처형 방법으로서 1792년에 처음 도입된 이래 1977년까지 사용되었다.

했다.

사형 여부가 결정되는 재판에는 추가적인 절차적 안전장치가 요구되기도 한다. 가장 최근에는 관타나모 미 군사위원회의 사형 사건 심리 규정이 개정되었다. 이에 따라 2009년 이후로 위원회가 다루는 사형 사건의 피고인은, 현실적으로 가능한 최대한도까지, 적어도 한 명 이상의 추가적인 전문 변호인—사형 사건 관계법에 정통한 변호인으로, 정부로부터 수임료를 받는 민간 변호인도 가능하다—의 조력을 받게 되었다. 또한 피고인이 유죄를 인정하더라도, 사형 선고를 위해서는 적어도 9인 이상으로 구성된 배심원단 전원의 동의가 필요하다. 이러한 규정은 2001년 9 · 11 테러 모의 혐의로 현재 관타나모에서 재판을 받고 있는 5인의 피고인에게도 적용된다(그림 15).

유전자 검사 등의 식별법과 관계된 과학 기술의 발달에 따라, 오늘날에는 오로지 진범만 사형당하고 있다는 확신이 커졌다. 그 결과, 무고한 사람이 희생될 위험 때문에 사형을 받아들일 수 없다는 주장은 힘을 잃고 있다. 물론 진보된 과학적 방법은 실제로 무고한 사람이 사형을 당했거나 그럴 뻔한 사례를 드러냄으로써 사형 반대론을 강화하는 측면도 있다. 새로운 '인도적' 집행 방법이 등장하면 사형의 잔혹함에 호소하는 논변도 힘을 잃을 수 있다. 그러나 궁극적으로 인권의 원칙

15. 관타나모 베이 해군 기지 군사위원회의 '9·11 재판'. 앞쪽부터 칼리드 샤이크 모하메드, 왈리드 무함마드 살리 무바라크 빈 아타시, 람지 빈 알 시브, 알리 압둘 아지즈 알리, 무스타파 아흐마드 아담 알 하우사위. 재닛 햄린에 의한 법정 스케치.

에서 볼 때 사형은 생명권에 대한 불필요한 침해라는 점을 이해해야 한다. 유죄 선고를 받고 수감된 사람은 다른 생명에 즉각적인 위협을 가하지 않기 때문이다.

결론

인권의 내용은 더는 이성과 자연법에 대한 호소만으로 결정되지 않는다. 인권 문서는 국내적이고 국제적인 협상을 통해 채택된다. 이런 문서들은 그것들이 채택된 맥락에 따라 일정한 도덕적 힘을 가지며, 각국 정부에 의해 채택되므로 법적 중요성을 가진다. 인권에 바탕을 둔 미래를 제시하며 권위주의, 박탈, 학살에 맞선다.

그러나 인권은 여전히 세계 곳곳에서 실현되지 않은 약속으로 남아 있다. 연일 접하는 폭력과 학대, 불의, 기본적 생존권의 박탈 등에 관한 보도들은 우리가 의심할 나위 없이 인권 침해의 세상에 살고 있음을 말해준다. 인권 보고서들은 최악의 사례들을 폭로하지만, 약속을 저버린 채 제노사이드, 전쟁범죄, 인종 청소, 인도에 반하는 죄로부터 사람들을 보호하지 않는 정부들 앞에서 그저 무력하기만 하다. 인권 외교는 그러한 위기 상황에서 효과적인 조치를 끌어내기에는 한참 역부족이다.

다른 한편으로, 이 책에서 우리는 인권 기구들이 고문, 생명권, 구금, 표현의 자유, 사생활, 식량, 교육, 건강, 주거, 노동, 비차별에 관한 인권의 원칙들을 발달시켜온 과정을 살펴보았다. 여러 주제들이 피상적으로 다루어지거나 누락되었음을 인정할 수밖에 없다. 더 두꺼운 책에는 평화에 대한 위협, 빈곤, 긴축 정책, 환경 파괴, 기후 변화의 영향, 원주민 권리의 침해, 국외 및 국내 난민의 곤경을 다루는 인권 논변들도 포함되어야 할 것이다.

이 책의 한 가지 목표는, 다양한 인권들을 하나하나 개별적으로 살펴보아야만 어떤 특정한 상황에서 권리들의 범위와 경계, 이행에 얽힌 까다로움, 다른 권리들과의 상호 작용을 제대로 이해할 수 있다는 통찰을 독자들에게 전하는 것이었다. 인권의 언어와 논리는 다양한 권리 주장과 상충하는 이익을 논하기 위한 수단으로 이해되어야 한다. 인권은 완성된 책이 아니라 현재진행형인 대화의 일부다.

인권이 제대로 확립되려면 인권에 대한 이해와 완전한 내면화가 선행되어야 할 것이다. 이는 사람들의 필요와 기대에 부응하도록 인권의 원칙을 계속해서 논의하고 발달시켜야 함을 의미한다. 인권은 사람들의 상상에 호소하고 그들의 어휘에 녹아들어야 더 큰 영향을 줄 수 있다. 인권의 어휘는 사람들의 요구를 명확히 표현하는 데 도움을 준다. 갈등을 인권의 언어로 표현하면, 서로 경합하는 이해관계들이 뚜렷이 드러나고, 이 대립의 해소를 위한 적절한 원리와 절차를 찾을 수 있다.

그러나 사람들은 흔히 인권에 대해 협소한 관념을 가지고 있다. 이를 타파하기 위해 더 큰 노력을 기울이지 않는다면 인권은 외래의 것, 강요된 것, 무언가 다른 목적을 이루기 위한 수단으로 보일 위험성이 있다. 인권을 좁게만 이해하려는 이들은 역사적으로 형성된 정부의 특정한 의무, 특히 전통적 자유에 대한 침해를 삼갈 의무로 인권의 범위를 한정하려 든다. 인권에 대한 더 넓은 시각은 수십억 명이 마주한 기아, 빈곤, 폭력 등의 문제들을 다룰 수 있게 한다. 마카우 무투아(Makau Mutua)는 저서 『인권: 정치적 · 문화적 비평Human Rights: A Political and Cultural Critique』(2002)에서 다음과 같이 주장했다.

> 현재와 같은 모습으로 전개되는 인권 운동은 궁극적으로 실패할 것이다. 비서구권 사회에서 그것은 외부에서 들어온 이질적인 이데올로기로 인식되기 때문이다. 그런 인권 운동은 비서구권 국가의 문화적 얼개 안에서 깊은 반향을 불러일으키지 못한다. 그저

서구적 관념에 젖은 위선적인 엘리트층의 관심을 끌 뿐이다. 인권 운동이 궁극적으로 성공하려면, 모든 민족의 문화와 단단히 엮여야 한다.

이와 유사하게, 코스타스 두지나스(Costas Douzinas)는 저서 『인권의 종말: 세기 전환기의 비판적 법사상The End of Human Rights: Critical Legal Thought at the Turn of the Century』(2000)에서 다음과 같이 경고했다.

정부, 국제기구, 법관 등 공적 · 사적 권력의 구심점과 그에 내포된 불완전한 사회적 가치들을 전적으로 신뢰하는 인권 이론은 인권의 존재 이유—다름 아닌 그러한 제도와 권력으로부터 사람들을 보호하는 것—와 배치된다.

인권 보호의 지평을 넓히려 시도해온 운동이라 할지라도, 여성 폭력 근절 캠페인에서 확인되듯이, 여전히 보완할 부분들이 있다. 일부 비평가들은 비서구권 여성에 대한 인권 단체의 서사가 〔서구의 잣대로 보기에 덜 발달된〕 현지 문화에 의해 억압당하는 무력한 희생자의 이미지를 강화하는 경향이 있고, 이는 또다른 방식으로 제국주의를 연장하는 것이라고 주장한다. 이들이 보기에 가장 큰 과제는 단지 여성에 대한 폭력을 인권 문제로 범주화하는 데 그칠 것이 아니라, 그러한 불평등과 폭력의 기원을 이해하는 것이다(상자 40).

인권 운동가들은 인권 존중을 주장하는 것만이 세상을 바꾸는 유일한 방법이 아니라는 사실을 깨달아가고 있다. 그러나 인권을 강조하는 것은 더욱 다양한 목소리와 제안이 세상에 들리도록 보장하는 수단이 될 수 있다. 오늘날에는 인권 활동을 '현장', '바닥', '사람'을 향해 더욱 근접시키고, '기준의 이행'뿐 아니라 인권 문화의 형성, 즉 인간 존엄성에 대한 존중이 내재화된 문화를 만드는 데 집중하려는 경향이 뚜렷하다.

상자 40 라트나 카푸르(Ratna Kapur), 『에로틱한 정의: 법과 탈식민주의 신정치Erotic Justice: Law and the New Politics of Postcolonialism』

남성에 의한 성폭력과 성적 대상화라는 여성 공통의 경험을 매개로, 여성들 사이에 존재하는 계급적·문화적·종교적·인종적 차이들은 젠더 범주 아래서 하나로 뭉뚱그려진다. 여성들 사이의 차이는 간단히 문화적인 것으로 취급되지만, 그 문화적 맥락이 어떻게 서구와 '그 나머지' 사이의 식민주의적 접촉 안에서, 그리고 그 접촉을 통해 형성되고 영향받았는지에 대한 탐구와 상술은 결여된다. 논의에서 이 부분을 빠뜨린다는 것은, 여성이 겪는 착취와 종속의 서사를 제시하되, 그런 경험에 대한 역사적이고 맥락화된 이해를 얻으려면 인종, 종교, 제국주의적 야심 등을 모두 포괄하는 복합적 지식이 필요하다는 점은 가려버리는 것과 같다.

인권을 '정치화'하지 말라는 요구가 거듭된다는 사실은 놀랍기만 하다. 말이 안 되기 때문이다. 인권은 본래 정치적이다. 인권은 한 공동체에 속한 개인과 집단 사이의 관계, 그리고 그 개인과 집단이 다른—특히 권력과 권위를 가진—개인 및 집단과 맺는 관계를 규정한다. 이것은 국내 정치다. 각국 정부가 유엔에 인권이사회를 설치해 서로의 인권 성적을 논하는 것은 국제 정치다. 이들이 어떻게든 각자의 경제적 · 외교적 정책상의 이해관계를 제쳐두고 다른 나라의 인권 행태를 객관적이고 '비정치적'으로 평가하리라는 기대는 실로 헛되다.

개인과 집단은 인권 언어 및 인권 체제로부터 계속해서 힘을 얻을 것이다. 인권 체제의 성숙은 권리 존중을 보장하기 위한 다양한 운동들 간에 연대성을 발달시켰다. 권리의 주장이 인권 존중의 요구로 표현될 때, 그것은 대개 고립된 개인주의가 아닌 정치적 참여를 수반한다. 여기서 핵심은 무언가를 바꾸는 데 있고, 그 대상에는 인권 자체가 인식되는 방식도 포함된다. 이 책 전반에 걸쳐 살펴보았듯이, 인권을 보호하는 일은 새로운 요구를 만들고 인권에 대한 인식을 바꾸어가는 역동적인 과정이다. 현재의 인권 운동은 지구적 차원의 사회 정의에 초점을 맞추고 있다. 인권은 고정된 것이 아니라 살아 움직이는 것이다.

이제 문학에서 '인권'이라는 표현이 어떻게 쓰였는지를 다시금 살펴보면서 글을 맺을까 한다. 『하워즈 엔드Howards End』(1910)에서 E. M. 포스터(Forster)는, 혼외 임신한 헬렌 슐레겔이 당하는 부당한 사회적 취급과 또다른 주인공 마거릿이 헬렌에게 느끼는 연대감을 강조하기 위해 '인권'이라는 표현을 사용했다.

> 마거릿의 분노와 공포는 매순간 커졌다. 이 사람들은 그녀의 동생에게 멋대로 꼬리표를 붙였다! 이제 얼마나 끔찍한 일이 벌어질까! 과학이라는 이름 아래 감춘 저 무례함! 그들은 한 패가 되어 헬렌을 공격하고 그녀의 인권을 부정하고 있었다. 마거릿은 헬렌과 더불어 슐레겔 집안 전체가 위협당한다고 느꼈다.

이 대목은 인권 존중의 요구란 그때나 지금이나 그저 불의에 대한 분노와 연대의 감정에서 비롯된다는 것을 잘 보여준다.

감사의 말

이 책이 출판되기까지 애써주신 옥스퍼드대 출판부의 모든 분께 감사드린다. 특별히 에마 마, 앤드리아 키건, 제니 뉴지, 모해나 안나말라이, 조이 멜러, 루비 컨스터블, 소피 바실리예비치에게 감사드리며, 더 나은 글이 되도록 유익한 의견을 제시해준 익명의 검토자들께도 감사드린다.

나는 이곳 제네바의 국제개발연구대학원(Graduate Institute of International and Development Studies)과 국제인도법·인권 아카데미(Geneva Academy of International Humanitarian Law and Human Rights)에서 까다로운 질문으로 나를 긴장시키는 훌륭한 대학원생들을 만나는 행운을 누려왔다. 사례와 관련해 도움을 준 오애나 이침에게 고마움을 표하며, 본문 텍스트 및 참조 사이트에 게시된 문서들과 관련해 고된 작업을 맡아준 일리야 시아티차에게도 진심으로 감사드린다.

마지막으로 가족 중 두 사람에게 감사의 말을 전하고 싶다. 어머니 마거릿 클래펌이 최고의 안목으로 모은 신문 기사들은 이 책에 훌륭한 자양분을 제공해주었다. 인권 활동가인 아내 모나 리슈마위(Mona Rishmawi)는, 인권에 대한 이야기에는 과거에 작성된 문서들뿐 아니라 차별, 탄압, 잔학 행위에 맞서는 나날의 투쟁들이 반드시 포함되어야 한다는 사실을 끊임없이 일깨워준다.

제네바 국제개발연구대학원에서

앤드루 클래펌

부록: 세계인권선언

전문

모든 인류 구성원의 고유한 존엄성과 동등하고 양도할 수 없는 권리를 인정하는 것이 세계의 자유, 정의 및 평화의 기초이며,

인권에 대한 무시와 경멸이 인류의 양심에 반하는 야만적 행위를 초래하였으며, 인간이 표현과 신념의 자유, 그리고 공포와 결핍으로부터의 자유를 누릴 수 있는 세계의 도래가 보통 사람들의 지고한 열망으로서 선포되었으며,

인간이 폭정과 억압에 대항하는 마지막 수단으로서 반란을 일으키도록 강요받지 않으려면 법에 의한 통치에 의하여 인권이 보호되어야 하는 것이 필수적이며,

국가 간 우호관계의 발전을 증진하는 것이 필수적이며,

국제연합의 국민들은 그 헌장에서 기본적 인권, 인간의 존엄과 가치, 그리고 남녀의 동등한 권리에 대한 신념을 재확인하였으며, 더욱 폭넓은 자유 속에서 사회적 진보와 생활수준 향상을 촉진하기로 다짐하였고,

회원국들은 국제연합과 협력하여 인권과 기본적 자유의 보편적 존중과 준수를 증진할 것을 서약하였으며,

이러한 권리와 자유에 대한 공통의 이해가 이 서약의 완전한 이행을 위하여 가장 중요하므로,

이에 국제연합 총회는,

모든 국민과 모든 국가가 도달해야 할 공통의 기준으로 이 세계인권선언을 공포하니, 이는 각 개인과 사회 기관으로 하여금 항상 이 선언을 유념하고, 계도와 교육을 통해 이러한 권리와 자유에 대한 존중이 증진되도록 힘쓰고, 또한 국내적이고 국제적인 점진적 조치를 통해 이러한 권리와 자유의 보편적이고 효과적인 인정과 준수가 보장되도록 힘쓰되, 회원국의 인민과 그 관할 영토의 인민 모두를 위해 그렇게 하도록 하기 위함이다.

제1조

모든 사람은 태어날 때부터 자유로우며 존엄과 권리에 있어 동등하다. 사람은 이성과 양심을 타고났으며 서로를 형제애의

정신으로 대하여야 한다.

제2조

모든 사람은 인종, 피부색, 성별, 언어, 종교, 정치적 또는 그 밖의 견해, 민족적 또는 사회적 출신, 재산, 출생, 혹은 기타의 인적 사항에 따른 아무런 구별 없이 이 선언에 규정된 모든 권리와 자유를 누릴 자격이 있다.
나아가 개인이 속한 국가나 영토가 독립국이든, 신탁통치 지역이든, 비자치 지역이든 또는 그 밖의 다른 주권상의 제한을 받는 곳이든, 그 국가나 영토의 정치적, 법적 또는 국제적 지위에 근거하여 아무런 구별이 있어서는 안 된다.

제3조

모든 사람은 생명, 자유 및 신체의 안전에 대한 권리를 가진다.

제4조

누구도 노예 상태 또는 예속 상태에 놓이지 아니한다. 모든 형태의 노예 제도와 노예 매매가 금지된다.

제5조

누구도 고문 등의 잔혹하거나 비인도적이거나 굴욕적인 대우 또는 처벌을 받지 않는다.

제6조

모든 사람은 어디에서나 법률상의 인격체로 인정받을 권리를 가진다.

제7조

모든 사람은 법 앞에 평등하며 아무런 차별 없이 법의 동등한 보호를 받을 권리를 가진다. 모든 사람은 이 선언에 위반되는 모든 차별로부터, 또한 그러한 차별의 선동으로부터 동등한 보호를 받을 권리를 가진다.

제8조

모든 사람은 헌법이나 법률이 부여한 기본적 권리를 침해하는 행위에 대하여 권한 있는 국내법원에서 실효성 있는 구제를 받을 권리를 가진다.

제9조

누구도 자의적으로 체포, 구금 또는 추방되지 않는다.

제10조

모든 사람은 자신의 권리, 의무 및 자신에 대한 형사 책임이 결정될 때에 독립적이며 공평한 법정에서 공정하고 공개된 재판을 받을 권리를 완전히 평등하게 누린다.

제11조

1. 형사 범죄로 소추당한 사람은 누구나 자신의 변호에 필요한 모든 것이 보장된 공개 재판에서 법률에 따라 유죄로 입증될 때까지 무죄로 추정될 권리를 가진다.
2. 어느 누구도 당시의 국내법 또는 국제법으로 범죄를 구성하지 아니한 작위 또는 부작위를 이유로 형사상의 유죄 판결을 받지 않는다. 또한 범죄 행위시에 적용될 수 있었던 형벌보다 무거운 형벌이 부과되지 않는다.

제12조

누구도 자신의 사생활, 가정, 주거 또는 통신에 대하여 자의적인 간섭을 받거나 또는 그의 명예와 위신에 대한 공격을 받지 않는다. 모든 사람은 이러한 간섭이나 공격에 대하여 법의 보호를 받을 권리를 가진다.

제13조

1. 모든 사람은 각국의 경계 안에서 자유로이 이전하고 거주할 권리를 가진다.
2. 모든 사람은 자국이나 다른 나라를 떠날 권리가 있으며, 또한 자국으로 돌아올 권리를 가진다.

제14조

1. 모든 사람은 박해를 피하여 다른 나라에서 피난처를 구하고 비호받을 권리를 가진다.
2. 순전히 비정치적인 범죄 또는 국제연합의 목적과 원칙에 위배되는 행위로 인하여 기소된 경우에는 이 권리를 주장할 수 없다.

제15조

1. 모든 사람은 국적을 가질 권리가 있다.
2. 누구도 자의적으로 국적을 박탈당하지 않으며 국적을 변경할 권리를 거부당하지 않는다.

제16조

1. 성인 남녀는 인종, 국적 또는 종교에 따른 아무런 제한 없이 혼인하고 가정을 이룰 권리를 가진다. 이들은 혼인 기간중에

나 혼인 해소시에 혼인에 대하여 동등한 권리를 가진다.
2. 혼인은 그 의사를 가진 양 당사자의 자유롭고 완전한 합의에 의해서만 성립된다.
3. 가정은 사회의 자연적이고 기초적인 단위 집단이며, 사회와 국가의 보호를 받는다.

제17조

1. 모든 사람은 단독으로든 타인과 공동으로든 재산을 소유할 권리가 있다.
2. 누구도 자의적으로 재산을 박탈당하지 않는다.

제18조

모든 사람은 사상, 양심 및 종교의 자유를 누릴 권리가 있다. 이 권리는 종교나 신념을 바꿀 자유와, 단독 또는 타인과 함께 공적 또는 사적으로 선교, 수행, 예배 및 의식을 통해 자신의 종교나 신념을 표명할 자유를 포함한다.

제19조

모든 사람은 의견과 표현의 자유를 누릴 권리가 있다. 이 권리는 간섭받지 않고 자신의 의견을 가질 자유와 더불어, 국경에 관계없이 어떠한 매체를 통해서든 정보와 사상을 구하고 받고 전할 자유를 포함한다.

제20조

1. 모든 사람은 평화적인 집회 및 결사의 자유를 누릴 권리가 있다.
2. 누구도 어떤 결사에 소속될 것을 강요받지 않는다.

제21조

1. 모든 사람은 직접 또는 자유로이 선출된 대표를 통하여 자국의 정치에 참여할 권리를 가진다.
2. 모든 사람은 자국의 공무에 취임할 동등한 권리를 가진다.
3. 정부의 권위는 국민의 의사에 근거해야 한다. 이러한 의사는 보통 및 평등 선거권에 의거해 비밀 투표 또는 그에 상당한 자유가 보장되는 투표 절차에 따라 이루어지는 정기적이고 진정한 선거를 통해 표명되어야 한다.

제22조

모든 사람은 사회의 일원으로서 사회 보장을 받을 권리를 가지며, 자신의 존엄과 인격의 자유로운 발전에 불가결한 경제적 · 사회적 · 문화적 권리들이 국가적 노력과 국제적 협력을 통하여 그리고 각국의 조직과 자원에 따라서 실현되도록 요구할 자격이 있다.

제23조

1. 모든 사람은 일할 권리, 자유로이 직업을 선택할 권리, 정당하고 양호한 노동 조건에 대한 권리, 그리고 실업으로부터 보호받을 권리를 가진다.
2. 모든 사람은 아무런 차별 없이 동일한 노동에 대하여 동등한 보수를 받을 권리를 가진다.
3. 일하는 사람은 누구나 자신과 가족에게 인간의 존엄에 부합하는 생존을 보장하며 필요한 경우에는 다른 사회적 보호 수단에 의해 보완되는, 정당하고 양호한 보수를 받을 권리를 가진다.
4. 모든 사람은 자신의 이익을 보호하기 위해 노동조합을 결성하고 가입할 권리를 가진다.

제24조

모든 사람은 노동 시간의 합리적인 제한과 정기적인 유급 휴가를 포함하는, 휴식과 여가에 관한 권리를 가진다.

제25조

1. 모든 사람은 의복, 식량, 주거, 의료 및 필요한 사회 복지 등

으로 자신과 가족의 건강 및 안녕을 유지하기에 적절한 생활 수준을 누릴 권리와, 실업, 질병, 장애, 배우자 사망, 노령 또는 기타 불가항력으로 인한 생계 결핍의 경우에 보장을 받을 권리를 가진다.
2. 어머니와 아동은 특별한 보호와 지원을 받을 권리를 가진다. 모든 아동은 부모의 혼인 여부와 상관없이 동일한 사회적 보호를 누린다.

제26조

1. 모든 사람은 교육받을 권리가 있다. 교육은 최소한 초등 및 기초 단계에서는 무상이어야 한다. 초등 교육은 의무적이어야 한다. 기술 및 직업 교육은 일반적으로 이용할 수 있어야 하며, 고등 교육도 실력에 따라 모든 사람에게 동등하게 열려 있어야 한다.
2. 교육은 인격의 완전한 발달과 인권 및 기본적 자유에 대한 존중의 강화를 목표로 삼아야 한다. 교육은 모든 국가, 인종 및 종교 집단 간에 이해, 관용 및 우의를 증진해야 하며, 평화의 유지를 위한 국제연합의 활동을 촉진해야 한다.
3. 부모는 자녀에게 제공되는 교육의 종류를 선택할 우선권을 가진다.

제27조

1. 모든 사람은 공동체의 문화생활에 자유롭게 참여하고, 예술을 향유하고, 과학의 발전과 그 혜택을 공유할 권리가 있다.
2. 모든 사람은 자신이 창작한 과학적, 문학적 또는 예술적 산물로부터 발생하는 정신적, 물질적 이익을 보호받을 권리를 가진다.

제28조

모든 사람은 이 선언에 규정된 권리와 자유가 완전히 실현될 수 있는 사회적 질서와 국제적 질서에 대한 권리를 가진다.

제29조

1. 모든 사람은 그 안에서만 자신의 인격이 자유롭고 완전하게 발전할 수 있는 공동체에 대하여 의무를 부담한다.
2. 모든 사람은 자신의 권리와 자유를 행사함에 있어, 오직 타인의 권리와 자유에 대한 정당한 인정과 존중을 확보하고 민주 사회에서 마땅히 요구되는 도덕, 공공질서 및 일반적 복지를 충족하기 위하여만 법률에 규정된 제한을 받는다.
3. 이러한 권리와 자유는 어떠한 경우에도 국제연합의 목적과 원칙에 반하여 행사할 수 없다.

제30조

이 선언의 어떠한 규정도 어떤 국가, 집단 또는 개인에게 이 선언에 규정된 권리와 자유를 파괴할 목적으로 활동하거나 그러한 행위에 가담할 권리가 있는 것으로 해석되어서는 안 된다.

참고문헌

아래 텍스트 대부분은 참조 웹사이트(http://graduateinstitute.ch/clapham-humanrights)에 링크되어 있다.

제1장 권리를 바라보는 관점

상자 1: C. Grayling, 'We must seize power from Euro judges and return the phrase Human Rights to what it really should be—a symbol of the fight against oppression and brutality', *Daily Mail*, 3 October 2014; S. Marks, 'Backlash: The Undeclared War against Human Rights', *European Human Rights Law Review* (2014), at 323-4

W. A. Edmundson, *An Introduction to Rights* (Cambridge: Cambridge University Press, 2004), at 191

R. Falk, 'Rights', in *The Oxford Companion to Politics of the World*, 2nd edn, ed. J. Krieger (Oxford: Oxford University Press, 2001), at 734-5

Magna Carta (1215) (나종일 편역 · 해설, 「마그나 카르타」, 『자유와 평등의 인권선언 문서집』, 한울아카데미, 2012)

English Bill of Rights (1689) (나종일 편역 · 해설, 「권리장전」, 『자유와 평등의 인권선언 문서집』, 한울아카데미, 2012)

J. Locke, *The Second Treatise of Government*, 1690 (New York: Macmillan, 1986), paras 6-8, 13, 221-2 (존 로크, 존 스튜어트 밀, 토머스 모어, 「통치론」, 『유토피아/자유론/통치론』, 김현욱 옮김, 동서문화사, 2008)

J.-J. Rousseau, *The Social Contract, or Principles of Political Right*, anon. tr. 1791 (New York: Hafner, 1947), chs VII and VIII (장 자크 루소, 『사회계약론』, 김영욱 옮김, 후마니타스, 2018)

T. Paine, *Rights of Man*, 1791 (Harmondsworth: Penguin, 1969), at 228, 69, 70 (토머스 페인, 「인권」, 『상식, 인권』, 박홍규 옮김, 필맥, 2004, 111, 141쪽)

E. Burke, *Reflections on the Revolution in France*, ed. L. G. Mitchell (Oxford: Oxford University Press, 1993) (에드먼드 버크, 『프랑스혁명에 관한 성찰』, 이태숙 옮김, 한길사, 2017)

상자 2: M. Wollstonecraft, 'Dedication to Monsieur Talleyrand-Périgord', in *A Vindication of the Rights of Woman: With Strictures and Political and Moral Subjects* (1792) (메리 울스턴크래프트, 「전 오턴 주교 탈레랑 페리고르 씨께」, 『여권의 옹호』, 손영미 옮김, 연암서가, 2014, 30쪽)

상자 3: K. Marx, *On the Jewish Question*, 1843, excerpted in M. R. Ishay (ed.), *The Human Rights Reader: Major Political Essays, Speeches, and Documents from the Bible to the Present* (London: Routledge, 1997), at 196 (카를 마르크스, 『유대인 문제에 관하여』, 김현 옮김, 책세상, 2015, 53쪽)

J. Bentham, 'Anarchical Fallacies; being an examination of the Declaration of Rights issued during the French Revolution', Vol. 2, *The Works of Jeremy Bentham*, ed. J. Bowring (Edinburgh: William Tait, 1843)

A. Sen, *Development as Freedom* (New York: Knopf, 1999), 228-9 (아마르티아 센, 「문화와 인권」, 『자유로서의 발전』, 김원기 옮김, 갈라파고스, 2013, 331-336쪽)

S. Howe, *Empire: A Very Short Introduction* (Oxford: Oxford University Press, 2002), 3

상자 4: Frédéric Mégret et al., *Human Dignity: A Special Focus on Vulnerable Groups* (Geneva: Geneva Academy, 2014), at vii

A. Gewirth, 'Are There Any Absolute Rights?', in *Theories of Rights*, ed. J. Waldron (Oxford: Oxford University Press, 1984), 91–109, at 108

J. Habermas, 'The Concept of Human Dignity and the Realistic Utopia of Human Rights', in *The Crisis of the European Union: A Response*, tr. C. Cronin (Cambridge: Polity, 2012), at 81, 95

C. McCrudden, 'Human Dignity and Judicial Interpretation of Human Rights', *European Journal of International Law* 19 (4) (2008) 724

Vitner and Others v. United Kingdom, ECHR (life sentences), 9 July 2013, para 113

R. Rorty, 'Human Rights, Rationality, and Sentimentality', in *On Human Rights: The Oxford Amnesty Lectures*, ed. S. Shute and S. Hurley (Oxford: Oxford University Press, 1993), 118–19, 122

상자 5: M. Goodhart, 'Human Rights and the Politics of Contestation', in *Human Rights at the Crossroads*, ed. M. Goodale (Oxford: Oxford University Press, 2013), at 33

D. Kennedy, *The Dark Sides of Virtue: Reassessing International Humanitarianism* (Princeton, NJ: Princeton University Press, 2004), at 9

M. Kundera, *Immortality* (London: Faber and Faber, 1991), at 150–4 (밀란 쿤데라, 「인권 침해에 대한 항의의 몸짓」, 『불멸』, 김병욱 옮김, 민음사, 2011)

상자 6: Complaint to the UK National Contact Point under the Specific Instance Procedure of the OECD Guidelines for Multinational Enterprises: G4S plc, 27 August 2014

제2장 역사적 발전과 오늘의 의제들

상자 7: ILO Report Profits and Poverty: The Economics of Forced

Labour (2014) 7, 13

상자 8: UN Report A/68/256, 2 August 2013, para 29

상자 9: UN Report A/HRC/27/53, 22 July 2014, para 25

H. Lauterpacht, *An International Bill of the Rights of Man* (Oxford: Oxford University Press, 2013)

P. Alston, 'Conjuring Up New Human Rights: A Proposal for Quality Control', *American Journal of International Law* 78 (1984) 607–21

B. A. W. Simpson, *Human Rights and the End of Empire: Britain and the Genesis of the European Convention* (Oxford: Oxford University Press, 2004); P. French, *Younghusband — The Last Great Imperial Adventurer* (London: Harper Perennial, 2004), at 296

'Final Act of the Havana Meeting of the American Institute of International Law', *American Journal of International Law*, Supplement: Official Documents 11 (2) (April 1917) 47–53

W. Wilson, 'Fourteen Points Speech', delivered in Joint Session, 8 January 1918 (이종훈, 「윌슨의 14개조 평화 원칙」, 『연설과 선언』, 서해문집, 2006)

A. Cassese, *Human Rights in a Changing World* (Cambridge: Polity Press, 1990), at 17–18

P. G. Lauren, *The Evolution of International Human Rights: Visions Seen* (Philadelphia: University of Pennsylvania Press, 1998), at 135

N. Geras, *Crimes against Humanity: Birth of a Concept* (Manchester: Manchester University Press, 2011), at 4

L. Sohn, 'How American International Lawyers Prepared for the San Francisco Bill of Rights', *American Journal of International Law* 89

(1995) at 540, 543 (알베르 드 라프라델 관련 부분)

'Déclaration des droits internationaux de l'homme', Resolution of the Institute of International Law (1927)

H. G. Wells, *The Rights of Man: or What Are We Fighting For?* (Harmondsworth: Penguin, 1940), 8–9, 11, 12, 31, 52

J. Dilloway, *Human Rights and World Order: Two Discourses for the H. G. Wells Society* (H. G. Wells Society, 1998). H. G. Wells가 쓴 *Phoenix: A Summary of the Inescapable Conditions of World Reorganisation* (London: Secker and Warburg, 1942)의 'Declaration'과 'Appendix'가 이 책에 수록되었다.

F. D. Roosevelt, State of the Union Address 1941 ('Four Freedoms Speech'로 알려진 1941년 1월 6일 연설)

Trial of German Major War Criminals (Goering et al.), International Military Tribunal (Nuremberg) Judgement and Sentence, 30 September and 1 October 1946 (London: HMSO, Cmd 6964), at 40, 41 (chapter 'Law of the Charter')

Joint Declaration of France, Great Britain and Russia, 24 May 1915

상자 11: R. Lemkin, 'Les actes constituant un danger général (interétatique) considérés comme délits de droit des gens', Conference for the Unification of Penal Law, Madrid, 14–20 October 1933 (Pedone, Paris, 1934) 〔Geneva Library 소장 발췌 인쇄본에 영문이 삽입돼 있음〕

상자 12: *Prosecutor v. Radislav Krstić*, Case IT–98–33–A, ICTY (Appeals Chamber), 19 April 2004

상자 13: Rome Statute of the International Criminal Court (1998) (「국제 형사재판소에 관한 로마 규정」, 외교부 조약정보〈http://www.mofa.go.kr/www/wpge/m_3835/contents.do〉)

상자 14: World Summit Outcome 2005, para 120

A. A. An-Na'im, 'Problems of Universal Cultural Legitimacy for Human Rights', in *Human Rights in Africa: Cross-Cultural Perspectives*, ed. A. A. An-Na'im and F. M. Deng (Washington, DC: Brookings Institute, 1990); A. A. An-Na'im, 'Toward a Cross-Cultural Approach to Defining International Standards of Human Rights: The Meaning of Cruel, Inhuman or Degrading Treatment or Punishment', in *Human Rights in Cross-Cultural Perspective*, ed. A. An-Na'im (Philadelphia: University of Pennsylvania Press, 1992), at 20-1

B. Clifford, 'Introduction: Fighting for New Rights', in *The International Struggle for New Human Rights*, ed. C. Bob (Philadelphia: University of Pennsylvania Press, 2009), 1-13 at 4

Evans v. United Kingdom, Judgment of the European Court of Human Rights, 7 March 2006, at paras 46, 62, 68

제3장 인권 외교와 유엔의 역할

상자 15: P. Sieghart, *The Lawful Rights of Mankind: An Introduction to the International Legal Code of Human Rights* (Oxford: Oxford University Press, 1986), at vii

상자 16: S. Moyn, *The Last Utopia: Human Rights in History* (Boston, MA: Harvard University Press, 2010), at 8 (새뮤얼 모인, 『인권이란 무엇인가』, 공민희 옮김, 21세기북스, 2011, 14쪽)

상자 17: Amnesty International, *Beginner's Guide to the Arms Trade Treaty*, September 2014

상자 18: 'Foreign Funding of NGOs', *The Economist*, 13 September 2014

상자 19: Thematic UN special procedures

Report of the Commission on Human Rights (nuclear Commission), 21 May 1946, E/38/Rev.1

M. A. Glendon, *A World Made New: Eleanor Roosevelt and the Universal Declaration of Human Rights* (New York: Random House, 2002), at 113, 170

Human Rights Council established by General Assembly Resolution A/RES/60/251 of 15 March 2006

상자 20: Human Rights Council Resolution A/HRC/RES/S-22/1

상자 21: UPR Info, 'Beyond Promises: The Impact of the UPR on the Ground' (2014), at 5, 14

Human Rights Council Resolution on Sri Lanka, 11th Special Session, 2009

W. Kälin, 'Ritual and Ritualism at the Universal Periodic Review: A Preliminary Appraisal', in *Human Rights and the Universal Periodic Review: Rituals and Ritualism*, ed. H. Charlesworth and E. Larking (Cambridge: Cambridge University Press, 2014) 25–41 at 31–2

Statement of Mary Robinson, UN High Commissioner for Human Rights, on Situation in Chechnya, Russian Federation, 16 November 1999

New York Times, 'In Tour of Africa, US Pulls its Punches on Human Rights' (15 December 1997), 10

Special Procedures: Facts and Figures 2013

제4장 고문

Convention Against Torture and Other Cruel, Inhuman or Degrading Treatment or Punishment, entered into force 26 June 1987 (「고문 및 그 밖의 잔혹한, 비인도적인 또는 굴욕적인 대우나 처벌의 방지에 관한 협약」, 외교부 조약정보〈http://www.mofa.go.kr/www/wpge/m_3835/contents.do〉)

상자 22: 'Opinion of Lord Hope of Craighead', in *A and Others v. Secretary of State for the Home Department* [2005] UKHL 71, para 103

J. S. Bybee, Assistant Attorney-General, Memorandum for Alberto R. Gonzales, Counsel to the President, Re: Standards of Conduct for Interrogation under 18 U.S.C. §§2340-2340A, 1 August 2002

J. Yoo, Deputy Assistant Attorney-General, Memorandum for W. J. Haynes II, Re: Military Interrogation of Alien Unlawful Combatants Held Outside the United States, 14 March 2003

Senate Select Committee on Intelligence, *Study on the CIA Detention and Interrogation Program, Executive Summary and Conclusions, declassified revisions*, 3 December 2014

상자 23: Guidance on Interviewing Detainees and the Passing and Receipt of Information 2010

G. J. Tenet, P. J. Goss, M. V. Hayden, J. E. McLaughlin, and A. M. Calland, 'Ex-CIA Directors: Interrogations Saved Lives', *Wall Street Journal* (10 December 2014)

Public Committee Against Torture in Israel and Others v. State of Israel and Others, Israel Supreme Court, 6 September 1999

상자 24: F. Jessberger, 'Bad Torture—Good Torture? What International Criminal Lawyers May Learn from the Recent Trial of

Police Officers in Germany', *Journal of International Criminal Justice* 3 (2005) 1059–73

S. Lukes, 'Liberal Democratic Torture', *British Journal of Political Science* 36 (2005), at 13

상자 25: 'Opinion of Lord Rodger of Earlsferry', in *A and Others [No. 2] v. Secretary of State for the Home Department* [2005] UKHL 71, para 132

상자 26: *Gaefgen v. Germany*, European Court of Human Rights, Judgment of 1 June 2010, para 187

상자 27: *Gaefgen v. Germany*, Judgment of 1 June 2010, Joint Partly Dissenting Opinion of Judges Rozakis, Tulkens, Jebens, Ziemele, Bianku, and Power, para 9

Agiza v. Sweden, Communication No. 233/2003, UN Doc. CAT/C/34/D/233/2003 (2005)

'On Terrorists and Torturers'—Statement by UN High Commissioner for Human Rights, Louise Arbour (7 December 2005)

제5장 생명과 자유의 박탈

Basic Principles on the Use of Force and Firearms by Law Enforcement Officials, Adopted by the Eighth United Nations Congress on the Prevention of Crime and the Treatment of Offenders, Havana, Cuba, 27 August to 7 September 1990

상자 28: 'White House Fact Sheet: Standards and Procedures for the Use of Force in Counterterrorism Operations Outside the United States and Areas of Active Hostilities', 23 May 2013; Lawfulness of a Lethal Operation Directed Against a U.S. Citizen Who Is a Senior Operational Leader of Al-Qa'ida or An Associated Force.

P. Alston, Report of the Special Rapporteur on Extrajudicial, Summary or Arbitrary Executions, 2010, para 33

상자 29: Rule 1: 'Principles of International Law on the Use of Force by States in Self-Defence', Chatham House (2005), at principle 5; Rules 2, 3: 'ICRC Study on Customary International Humanitarian Law' (2005), at Rules 10, 14

P. Benenson, 'The Forgotten Prisoners', *The Observer Weekend Review* (28 May 1961), at 21

Al-Nashiri v. Poland [2014] European Court of Human Rights, Judgment of 24 July 2014, para 530

상자 30: *El-Masri v. The former Yugoslav Republic of Macedonia* [2012] European Court of Human Rights, Judgment of 13 December 2012, paras 205, 211

International Centre for Prison Studies, *World Prison Population Lists*, 10th edn

D. Kretzmer, 'Targeted Killing of Suspected Terrorists: Extra-Judicial Executions or Legitimate Means of Defence?', *European Journal of International Law* 16 (2005) 171-212

P. Halliday, *Habeas Corpus from England to Empire* (Cambridge, MA: Harvard University Press, 2010)

제6장 권리 간의 균형: 표현의 자유와 사생활

N. Mahfouz, *Al-Ahram* (2 March 1989)

상자 31: 'Should Hate Speech be a Crime?', *New Internationalist* (December 2012), at 28-9

Report to the UN General Assembly 2014, A/69/397, paras 6, 57

H. Charlesworth, C. Chinkin, and S. Wright, 'Feminist Approaches to International Law', *American Journal of International Law* 85 (4) (1991) 613–45

Hatton and Others v. United Kingdom [2003] European Court of Human Rights Judgment of 8 July 2003, at 41

상자 32: *Ruusunen v. Finland*, European Court of Human Rights Judgment of 14 January 2014, at para 41–3

Google Spain Case ECJ, 13 May 2014, C–131/12, at para 81

The Economist, 'The Right to be Forgotten' (4 October 2014), at 61

제7장 식량, 교육, 건강, 주거, 노동

상자 33: *The Economist*, 'Stand Up for your Rights' (24 March 2007)

상자 34: C. R. Beitz, *The Idea of Human Rights* (Oxford: Oxford University Press, 2009), at 30–1

Soobramoney v. Minister of Health, Republic of South Africa Constitutional Court, Case CCT 32/97, 27 November 1997

상자 35: C. Gearty and V. Mantouvalou, *Debating Social Rights* (Oxford: Hart, 2011), at 59

Kamayani Bali Mahabal, 'Enforcing the Right to Food in India—The Impact of Social Activism', *ESR Review* (March 2004)

UN Committee on Economic, Social and Cultural Rights, General Comment 13 on the Right to Education, 8 December 1999

Annual Reports of the UN Special Rapporteur on the Right to Education

Campbell and Cosans v. The United Kingdom, ECtHR Judgment of 25 February 1982

Committee on Economic, Social and Cultural Rights, General Comment 14 on the Right to the Highest Attainable Standard of Health, 11 August 2000

Decision of the General Council of the WTO on Implementation of paragraph 6 of the Doha Declaration on the TRIPS Agreement and Public Health, WT/L/540 and Corr.1, 1 September 2003

S. Leckie, 'The Right to Housing', in *Economic, Social and Cultural Rights: A Textbook*, 2nd edn, ed. A. Eide, C. Krause, and A. Rosas (The Hague: Nijhoff, 2001), at 150

Committee on Economic, Social and Cultural Rights, General Comment No. 4 on the Right to Adequate Housing, 13 December 1991

Committee on Economic, Social and Cultural Rights, General Comment No. 7 on the Right to Adequate Housing: Forced Evictions, 20 May 1997

A. Eide, 'Adequate Standard of Living', in *International Human Rights Law*, 2nd edn, ed. S. Shah, S. Sivakumaran, and D. Harris (Oxford: Oxford University Press, 2014), at 204

OECD, Guidelines for Aid Agencies on Involuntary Displacement and Resettlement in Development Projects, Paris 1992

World Bank Operational Policy 4.12: Involuntary Resettlement, December 2001

Narmada Bachao Andolan v. Union of India AIR (2000) SC 3751, at 3827

Ogiek Community Order, African Court of Human and Peoples' Rights, 15 March 2013

ILO Declaration on Fundamental Principles and Rights at Work, 86th Session, Geneva, June 1998

J. G. Ruggie, *Just Business: Multinational Corporations and Human Rights* (New York: W.W. Norton, 2013), at xx–xxi (존 제러드 러기, 『기업과 인권』, 이상수 옮김, 필맥, 2014, 296–299쪽)

Committee on Economic, Social and Cultural Rights, General Comment No. 18 on the Right to Work, 6 February 2006

제8장 차별과 평등

Human Rights Committee, General Comment 18 on Non-Discrimination, 10 November 1989

John K. Love et al. v. Australia, Human Rights Committee, Communication No. 983/2001 U.N. Doc. CCPR/C/77/D/983/2001 (2003)

Minister of Home Affairs v. Fourie, South African Constitutional Court (2005), para 60

The Economist, 'The Spread of Gay Rights', 19 October 2013

Eweida and others v. UK [2013] ECtHR 37, Judgment of 15 January 2013

Christian Legal Society v. Martinez, 561 U.S. 661 (2010), Judgment of 28 June 2010.

Bull v. Hall [2013] UKSC 73 at para 48

상자 36: Human Dignity Trust (2014)

Committee on the Elimination of Racial Discrimination, General Recommendation 30 on Discrimination against Non-Citizens, 2004, para 35

Protocol to Prevent, Suppress and Punish Trafficking in Persons, Especially Women and Children, supplementing the United Nations Convention against Transnational Organized Crime, 2000 (「유엔의 초국가적 조직범죄 방지 협약을 보충하는 인신매매, 특히 여성과 아동의 인신매매 방지, 억제 및 처벌을 위한 의정서」, 외교부 조약정보〈http://www.mofa.go.kr/www/wpge/m_3835/contents.do〉)

Secretary-General's Report on Conflict-Related Sexual Violence, 13 March 2014, S/2014/181

상자 37: Amnesty International, *It's in Our Hands: Stop Violence against Women*, 2004, AI Index: ACT 77/001/2004 at 11-12

상자 38: UN Convention on the Rights of Persons with Disabilities (2006) Articles 5(2), 2, 5(3), 3, 12(2)(3) (「장애인의 권리에 관한 협약」, 외교부 조약정보〈http://www.mofa.go.kr/www/wpge/m_3835/contents.do〉)

G. Quinn and C. O'Mahony, 'Disability and Human Rights: A New Field in the United Nations', in *International Protection of Human Rights: A Textbook*, 2nd edn, ed. C. Krause and M. Scheinin (Turku: Abo Akademi Institute for Human Rights, 2012), at 265-6

제9장 사형

상자 39: Amnesty International, *Facts and Figures on the Death Penalty 2014*, 3, 6, 7, 8, 64; Amnesty International, *Death Sentences and Executions 2017*, 6, 7, 8, 40

Report of the Special Rapporteur on extrajudicial, summary or arbitrary executions, Philip Alston, A/HRC/4/20, 29 January 2007, paras 39–53

The State v. Makwanyane and Mchunu, Constitutional Court of the Republic of South Africa, Case No. CCT/3/94, 6 June 1995

Atkins v. Virginia 526 U.S. 304 (2002)

Roper v. Simmons 543 U.S. 551 (2005)

Soering v. United Kingdom [1989], ECtHR Judgment of 7 July 1989, 14

Öcalan v. Turkey [2005], ECtHR Judgment of 12 May 2005, para 175

Military Commissions Act 2009, 10 US Code §949a and m

Commission Implementing Regulation (EU) No 1352/2011 of 20 December 2011 amending Council Regulation (EC) No 1236/2005 concerning trade in certain goods which could be used for capital punishment, torture or other cruel, inhuman or degrading treatment or punishment

결론

M. Mutua, *Human Rights: A Political and Cultural Critique* (Philadelphia, PA: Philadelphia University Press, 2002), p. 14.

C. Douzinas, *The End of Human Rights: Critical Legal Thought at the Turn of the Century* (Oxford: Hart, 2000), 12

상자 40: R. Kapur, *Erotic Justice: Law and the New Politics of Postcolonialism* (London: Glass House Press, 2005), 104

E. M. Forster, *Howards End*, 1910 (Harmondsworth: Penguin, 1989), at 282 (E. M. 포스터, 『하워즈 엔드』, 고정아 옮김, 열린책들, 2010, 374쪽)

독서 안내

이 책의 참조 웹사이트(http://graduateinstitute.ch/clapham-humanrights)에는 본문에서 언급된 대부분의 텍스트, 그리고 인권과 관계된 그 밖의 유용한 사이트가 링크되어 있다.

아래 열거된 도서들은 인권의 세계에 대한 특별한 통찰을 제공한다. 다른 짧은 개론서를 찾고 있다면 O. Ball and Grady Paul, *The No-Nonsense Guide to Human Rights* (Oxford: New Internationalist, 2006)를 권할 만하다. 특정 주제에 관한 간략한 안내가 필요하다면 D. Forsythe (ed.), *Encyclopedia of Human Rights*, 5 volumes (New York: Oxford University Press, 2009)를 추천한다. 근간과 원칙에 관한 학술적인 글로는 D. Shelton (ed.), *The Oxford Handbook of International Human Rights Law* (Oxford: Oxford University Press, 2013)를 추천한다.

인권을 바라보는 관점들

M. J. Perry, *The Idea of Human Rights: Four Inquiries* (Oxford: Oxford University Press, 1998)는 인권이 반드시 종교적이고, 문제적이고, 보편적이고, 절대적인지를 묻는 네 가지 각론으로 구성되었다. J. Griffin, *On Human Rights* (Oxford: Oxford University Press, 2008)는 인권이 무엇이냐는 물음에 대해, 제한적인 '인격' 개념 또는 인간이라는 '지위'의 요건에 바탕을 둔, 윤리적으로 유의미한 설명을 제공하고자 한다. C.

R. Betiz, *The Idea of Human Rights* (Oxford: Oxford University Press, 2009)는 '새로이 출현하는 세계적 실천을 구성하는 규범'으로서 인권을 이해하자고 주장한다. C. McCrudden (ed.), *Understanding Human Dignity* (Oxford: Oxford University Press, 2013)는 존엄성에 관한 오늘날의 매우 성찰적인 논고들을 묶었다.

S. Moyn, *The Last Utopia: Human Rights in History* (Cambridge, MA: Belknap Harvard, 2010) (새뮤얼 모인, 『인권이란 무엇인가』, 공민희 옮김, 21세기북스, 2011)는 인권 개념의 발생에 대한 역사가들의 관점을 비판적으로 살핀다. 모인은 *Human Rights and the Uses of History* (London: Verso, 2014)에서 오늘날 우리가 이해하는 인권은, 여러 다른 설명과 달리, 지미 카터 전 미국 대통령이 인권 원칙을 채택한 1977년에 이르러서야 비로소 중요해지기 시작했다고 주장한다. Lynn Hunt, *Inventing Human Rights: A History* (New York: Norton, 2007) (린 헌트, 『인권의 발명』, 전진성 옮김, 돌베개, 2009)는 18세기 소설이 공감 의식의 형성에 끼친 영향에 주목한다. Micheline Ishay, *The History of Human Rights: From Ancient Times to the Globalization Era* (Berkeley: University of California Press, 2004) (미셸린 이샤이, 『세계인권사상사』, 조효제 옮김, 길, 2005)는 종교에 담긴 인도주의적 요소가 근대적 인권 개념을 선도했다고 주장하며, 종교가 인권의 진화에 기여한 부분을 강조한다. 바빌론의 함무라비 법전, 히브리 성서, 신약 성서, 쿠란 등 다양한 종교적 텍스트와 그 밖의 자료를 통해 권리 사상의 전조들을 추적하고 유교, 힌두교, 불교를 살펴본다. 이샤이는 또 19세기 산업화를 배경으로 발달한 사회주

의 사상이 인권에 기여한 부분을 강조한다. P. Alston, 'Does the Past Matter? On the Origins of Human Rights', *Harvard Law Review* 126 (2013) 2043-81은 최근의 인권사 기술과 인권 체제의 계보를 둘러싼 논쟁을 매우 유용하게 분석했다.

R. Goodman, D. Jinks, and A. K. Woods (eds), *Understanding Social Action, Promoting Human Rights* (Oxford: Oxford University Press, 2012)는 규범의 생성, 확산, 제도화에 관한 새로운 실증적 연구들을 종합하고 비평한다.

Paul Lauren, *The Evolution of International Human Rights: Visions Seen*, 3rd edn (Philadelphia, PA: University of Pennsylvania Press, 2011)은 인권 운동과 국제 인권법의 발달에 기여한 인물과 사상에 대한 열정적인 역사적 개관을 제공한다. A. Neier, *The International Human Rights Movement: A History* (Princeton, NJ: Princeton University Press, 2013)와 J. Becker, *Campaigning for Justice: Human Rights Advocacy in Practice* (Stanford: Stanford University Press, 2013)에서 저자들은 휴먼 라이츠 워치의 활동에서 얻은 구체적 통찰을 바탕으로 비정부 기구의 역할을 성찰한다.

인권 보호

Adam Hochschild, *King Leopold's Ghost: A Story of Greed, Terror, and Heroism* (Boston: Houghton Mifflin, 1998) (애덤 호크실드, 『레오폴드왕의 유

령』, 이종인 옮김, 무우수, 2003)은 식민 지배에 관한 대단히 흥미롭고 충격적인 통찰을 제공하며, 조지 워싱턴 윌리엄스에 관한 내용(제2장, '인도에 반하는 죄' 표현의 사용과 관련하여)을 담고 있다. 퓰리처상 등을 수상한 Samantha Power, *'A Problem from Hell': America and the Age of Genocide* (New York: HarperCollins, 2003) (사만다 파워, 『미국과 대량 학살의 시대』, 김보영 옮김, 에코리브르, 2004)는 라파엘 렘킨에 의해 제노사이드라는 개념이 만들어진 경위와 20세기에 일어난 제노사이드 앞에서 어째서 미국의 정치인들이 아무런 행동에 나서지 못했는지를 설명한다. 이 책은 미국의 외교정책이라는 문제를 폐부까지 파고들어 더 큰 물음을 던진다. 그녀의 말을 빌리자면, "우리는 모두 대량학살을 방관했다. 여기서 핵심적인 질문은 '왜'냐는 것이다." K. Sikkink, *The Justice Cascade: How Human Rights Prosecutions are Changing World Politics* (New York: Norton, 2011)는 인권 침해 사건의 국내 형사기소가 끼치는 영향을 상세히 설명했다.

T. Risse, S. C. Ropp, and K. Sikkink (eds), *The Persistent Power of Human Rights: From Commitment to Compliance* (Cambridge: Cambridge University Press, 2013)는 인권 규약이 준수되도록 하는 데 가장 효과적인 기제가 무엇인지에 대한 고찰을 담고 있다. 국가를 넘어 다국적 기업, 반군 집단, 심지어 가족(여성할례를 사례연구로 삼아) 차원의 준수까지도 살핀다는 점에서 유용하다.

외교정책과 국제관계

David Forsythe, *Human Rights in International Relations*, 3rd edn (Cambridge: Cambridge University Press, 2012)는 정치학적 관점으로 국제관계에서의 인권 문제를 소개하는 유용한 입문서다. D. Scheffer, *All the Missing Souls: A Personal History of the War Crimes Tribunals* (Oxford: Princeton University Press, 2012)는 국제형사재판소 설립에 이르는 여정을 내부자의 시선으로 설명한 책이다. W. Schabas, *Unimaginable Atrocities: Justice, Politics, and Rights and the War Crimes Tribunals* (Oxford: Oxford University Press, 2012)는 국제형사재판소를 둘러싼 문제들에 관해 생각을 자극하는 논고들을 담았다. Gerry Simpson, *Law, War and Crime: War Crimes Trials and the Reinvention of International Law* (Cambridge: Polity, 2008)는 전쟁범죄법 분야에서 법과 정치를 생각하는 대안적 방식을 제시하며, 잘 알려진 몇몇 전쟁범죄 재판의 여러 정치적인 측면들을 폭로한다.

Rosa Feedman, *Failing to Protect: the UN and the Politicisation of Human Rights* (London: Hurst, 2014)는 유엔 인권이사회의 운영 방식에 대한 개인적 견해를 제시하고 특히 일부 힘 있는 국가가 어떤 식으로 이사회에서의 비난을 모면하는지를 강조하는 매력적인 책이다. 피드먼은 세계인권재판소(World Court of Human Rights) 설립에 대해 회의적이며, 지역 단위 기구와 법원을 강화하자고 제안한다. 세계인권재판소 설립안의 구체적인 내용에 관해서는 인간존엄위원단(Panel on Human Dignity)의 2011년 보고서 *Protecting Human Dignity:*

*An Agenda for Human Rights*에 실린 '규정 초안 합본(consolidated draft statute)'과 '해설(commentary)'을 보라.

이 책에 담긴 소주제들

Philippe Sands, *Torture Team* (London: Allen Lane, 2008)은 9 · 11 테러 이후 미국 요원들에 의한 고문과 학대를 야기한 정책적 의사결정에서 그 근거를 마련해준 변호사들의 역할을 알기 쉽게 드러낸다. 주요 인물들과의 대면 인터뷰를 담았고, 변호사들에게 요구되어야 할 덕목이 무엇인지를 묻는다. 드론 폭격의 도덕성과 합법성에 관한 다양한 관점에 관해서는 C. Finkelstein, J. D. Ohlin, and A. A. Altman (eds), *Targeted Killings: Law and Morality in an Asymmetrical World* (Oxford: Oxford University Press, 2012)를 보라. 관타나모 베이 군사위원회의 설립과 유지에 얽힌 정치적 문제를 알기 쉽게 소개한 책으로는 J. Bravin, *The Terror Courts: Rough Justice at Guantanamo Bay* (New Haven: Yale University Press, 2013)가 있다. 구금 문제에 관한 빈틈없는 개관서로는 N. S. Rodley with M. Pollard, *The Treatment of Prisoners under International Law*, 3rd edn (Oxford: Oxford University Press, 2009)가 있다.

R. Wacks, *Privacy: A Very Short Introduction*, 2nd edn (Oxford: Oxford University Press, 2015)은 사생활과 관련된 최근의 쟁점을 살핀다.

Yash Ghai and Jill Cottrell (eds), *The Role of Judges in Implementing*

Economic, Social and Cultural Rights (London: Interights, 2004)는 인도, 남아프리카, 캐나다 등의 관할권역에서 법원에 의해 건강권과 주거권이 집행되는 방식을 전문적으로 분석했다. E. Riedel, G. Giacca, and C. Golay (eds), *Economic, Social and Cultural Rights in International Law* (Oxford: Oxford University Press, 2014)는 오늘날 경제적 · 사회적 · 문화적 권리와 관련해 국제적 수준에서 일어나고 있는 변화들을 살핀다. S. Humphreys (ed.), *Human Rights and Climate Change* (Cambridge: Cambridge University Press, 2010); T. Pogge, *World Poverty and Human Rights*, 2nd edn (Cambridge: Polity, 2008); S. J. Anaya, *International Human Rights and Indigenous Peoples* (New York: Aspen, 2009)는 이 책에 담지 못한 주제들을 상세하게 다루었다.

Susan Marks and Andrew Clapham, *International Human Rights Lexicon* (Oxford: Oxford University Press, 2005)에는 이 책에 언급된 권리들에 관한 추가적 논의가 알파벳 순서로 정리되어 있다.

구금 시설의 인권 침해를 소재로 삼은 연극 중에는 *The Jail Diary of Albie Sachs* (David Edgar, 1981)와 *Death and the Maiden* (Ariel Dorfman, 1991) (아리엘 도르프만, 『죽음과 소녀』, 김명환 · 김엘리사 옮김, 창비, 2007)이 있으며, 좀더 최근에 나온 *Grounded* (George Brant, 2012)는 드론 조종사의 역할에 대해 성찰하는 작품이다. 라디오극인 *A Pact of Silence* (Penny Woolcock, 2015)는 아르헨티나에서 실종자 자녀들이 겪는 역경을 극화했다. 영화 중에서는 테리 조지(Terry George) 감독의 〈호텔 르완다Hotel

Rwanda〉(2004), 피터 새틀러(Peter Sattler) 감독의 〈캠프 엑스레이Camp X Ray〉(2014), 그리고 앤드루 니콜(Andrew Niccol) 감독의 〈드론 전쟁: 굿킬Good Kill〉(2015)을 언급할 만하다.

역자 후기

오늘날 인권은 꽤 정교한 국내외 법체계로 보호되며, 여러 맥락에서 강한 설득력을 발휘한다. 인권의 정당성 자체가 도전받는 경우는 드물며, 오히려 다른 목적을 위해 인권을 그럴듯한 명분으로 남용하는 게 문제로 지적될 정도다. 하지만 인권 개념이 처음 등장했을 때의 상황은 사뭇 달랐다. 이 책은 전반부에서 인권 개념의 역사적 발달, 인권을 뒷받침하는 철학적 이론, 국제적 인권 규범의 확립과 이행을 위한 국제기구의 활동, 그리고 인권 외교의 현실을 개괄한 다음, 후반부에서는 인권의 주요 항목 몇 가지를 최근의 판례와 더불어 살핌으로써 인권에 대한 좀더 구체적이고 현실적인 이해로 독자들을 이끈다.

인권을 둘러싼 이론들은 수 세기에 걸쳐 다양한 발전 경로를 거쳤는데, 오늘날 인권을 이론적으로 뒷받침하는 가장 핵심적인 개념 중 하나는 인간의 존엄성이다. 즉, 인권을 보호해야 하는 이유는 그것이 인간의 존엄성을 지켜주기 때문이라는 것이다. 문제는 인권에는 다양한 하위 항목들이 있고, 저마다 인간의 존엄을 위한다는 이 구성 항목들이 종종 서로 충돌하거나 경합한다는 사실이다. 누군가의 인권은 종종 다른 누군가의 인권을 제약한다. 오늘날 인권을 둘러싼 갈등의 상당 부분이 여기서 비롯된다.

결국 다양한 사회 구성원의 인권을 최대한 보장하기 위해서는 조정과 타협이 필요하게 마련이다. 물론 이러한 조정과 타협은 인권법이 제시하는 일정한 기준과 절차에 따라 이루어진다. 이 책 제6장에는 인권을 제약할 때 적용해야 할 '비례성' 원칙이 설명돼 있다. 하지만 궁극적으로 저자는 인권 규범의 설정과 해석, 이행에는 우리가 지향하는 사회에 대한 선택과 의지가 개입된다고 본다. 인권은 본질적으로 정치적이라는 말이다. 또한 저자는 인권이 고정된 것이 아니라 계속해서 변화한다는 사실을 강조한다. 변화하는 사회적 조건과 구성원들의 열망 속에서, 인권의 구성 항목들이나 이행 방법에 대한 사회의 인식도 함께 변한다는 것이다. 이러한 정치적이고 역동적인 과정에는 갈등이 수반되게 마련이지만, 갈등이 없다면 진전도 불가능할 것이다.

우리 사회의 인권 현실과 국제 규범 사이의 괴리는 많은 생각을 하게 한다. 주요 협약은 대부분 발효되어 있지만 그 이행은 여러모로 미흡해, 인권 문화가 제대로 정착되려면 아직 갈 길이 멀어 보인다. 그러나 불과 몇십 년 전만 해도 정치적 의사 표명을 위해 고문의 위험을 무릅써야 했던 점만 돌이켜보더라도 우리 사회가 짧은 기간에 커다란 진보를 이루어왔음은 분명하다. 저자가 거듭 말하듯, 인권 운동의 오랜 역사를 지탱해온 것은 타인의 고통에 공감하고 불의에 맞서 연대하는 힘이다. 우리에게 이 힘이 없었다면 지금까지의 성취는 불가능했을 것이다. 앞으로 이 힘이 더 깊어지고, 우리가 공감하고 연대하는 타인의 범위가 더 넓어지기를 바란다.

도판 목록

1. '범죄자 권리 법' 012
   © Telegraph Media Group Limited 2006

2. 메리 울스턴크래프트 025
   The Bodleian Library, University of Oxford (OC) 210 m. 460

3. 『인간의 권리』 표지 061
   © Penguin Books

4. 조지 워싱턴 윌리엄스 067
   Library of Congress

5. 라디슬라브 크르스티치: 기소 전과 후의 모습 073
   Michel Porro/Getty Images, and © Reuters/Ranko Cukovic

6. 콩고 민주공화국의 소년병 077
   © Roger LeMoyne

7. 베른에서 열린 시위 107
   © Amnesty International (Suisse) 2003

8. '실종자'들의 어머니, 부에노스아이레스 113
   Rafael Wollmann/Gamma-Rapho via Getty Images

9. ISIS가 저지른 학살 119
   AFP Photo/Ho/Welayat Salahuddin

10. 인권이사회의 2014년 스리랑카 결의안 표결 121
    UN Photo/Jean-Marc Ferré

11. '럼즈펠드는 사퇴하라': 〈이코노미스트〉(2004년 5월 8일) 표지 136
    © *The Economist*

12. '사면 탄원' 캠페인, 1961년 5월 28일 162
    © Guardian News & Media Ltd 1961

13. 국제 앰네스티의 가정 폭력 캠페인을 지지하는 패트릭 스튜어트 227
© Amnesty International UK

14. 현대 독극물 주사 장치(위)와 기요틴(아래) 240
(위) William F. Campbell/Time Life Images Collection/Getty Images; (아래) Popperfoto/Getty Images

15. 관타나모 베이 군사위원회의 2014년 전쟁범죄 재판 스케치 242
© Janet Hamlin

인권

HUMAN RIGHTS

초판 1쇄 발행 2019년 6월 24일
초판 2쇄 발행 2021년 4월 9일

지은이 앤드루 클래펌
옮긴이 이지원
펴낸이 신정민
편집 최연희
디자인 강혜림
저작권 한문숙 김지영 이영은
마케팅 정민호 김경환
홍보 김희숙 김상만 함유지 김현지
이소정 이미희 박지원
제작 강신은 김동욱 임현식

제작처 한영문화사(인쇄) 한영제책사(제본)
펴낸곳 (주)교유당
출판등록 2019년 5월 24일
제406-2019-000052호
주소 10881 경기도 파주시 회동길 210
문의전화 031) 955-8891(마케팅)
031) 955-2692(편집)
팩스 031) 955-8855
전자우편 gyoyudang@munhak.com
ISBN 979-11-967230-0-2 03300

• 이 도서의 국립중앙도서관 출판예정도서목록(CIP)은
서지정보유통지원시스템 홈페이지(http://seoji.nl.go.kr)와
국가자료종합목록 구축시스템(http://kolis-net.nl.go.kr)에서 이용하실 수 있습니다.
(CIP제어번호: CIP2019022286)